"梦想北大丛书"编委会
（按姓氏笔画排序）

组织编写	北京大学招生办公室
总 顾 问	王恩哥　高　松
顾　　问	孔庆东　刘明利　孙东东　初育国
	陈跃红　秦春华
主　　编	王亚章
副 主 编	林　莉　卿　婧
编　　委	王亚章　林　莉　易　昕　卿　婧
	覃韡韡　熊光辉

梦想北大丛书
MENGXIANG BEIDA CONGSHU

就这样考上北大

王亚章 ◎ 主编

竞赛篇

图书在版编目(CIP)数据

就这样考上北大.竞赛篇/王亚章主编.—北京:北京大学出版社,2014.9
(梦想北大丛书)
ISBN 978-7-301-24574-3

Ⅰ.①就… Ⅱ.①王… Ⅲ.①中学生－学生生活－文集②中学生－学习方法－文集 Ⅳ.①G635.5-53

中国版本图书馆 CIP 数据核字(2014)第 176335 号

书　　　　名：就这样考上北大·竞赛篇
著作责任者：王亚章　主编
责 任 编 辑：赵学敏　孙亚唯
标 准 书 号：ISBN 978-7-301-24574-3/G · 3850
出 版 发 行：北京大学出版社
地　　　　址：北京市海淀区成府路 205 号　100871
网　　　　址：http://www.pup.cn　新浪官方微博:@北京大学出版社
电 子 信 箱：zyjy@pup.cn
电　　　　话：邮购部 62752015　发行部 62750672　编辑部 62754934
出版部 62754962
印 刷 者：三河市博文印刷有限公司
经 销 者：新华书店
787 毫米×1092 毫米　16 开本　14.25 印张　180 千字
2014 年 9 月第 1 版　2014 年 9 月第 1 次印刷
定　　　　价：35.00 元

未经许可,不得以任何方式复制或抄袭本书之部分或全部内容。
版权所有,侵权必究
举报电话：010-62752024　电子信箱：fd@pup.pku.edu.cn

序

北京大学创建于 1898 年。作为我国近代建立的第一所国立综合性大学,北京大学始终与国家民族的命运紧密相连。从"百日维新"孕育的京师大学堂到位列当今世界名校 50 强,从"五四"新文化运动的呐喊到"团结起来,振兴中华"的时代强音,从最早传播马克思主义、中国共产党的创立到"小平您好"的问候,从高擎民主与科学的火炬到始终坚持"实践是检验真理的唯一标准",一个多世纪以来,北大始终是中国思想文化领域的引领者,是代表"爱国、进步、民主、科学"的一面旗帜。胸怀家国天下的北大人,总是向着"好的、向上的方向"奋斗,为民族的独立与解放、国家的振兴与发展、社会的文明与进步作出了不可替代的贡献。这些贡献使北大远远超越了一所高等学府的有形存在,成为无数青年学子和现代人文学者、科学家所向往并依恋的精神家园。这种文化的向心力和精神的魅力,历久弥新,必将继续影响当代中国社会的进程和发展。

作为人类智慧和知识产生、汇集和传播的场所,大学承载着人才培养、科学研究、社会服务和文化传承创新等重要使命。大学之所以成为大学,最根本的就在于她具有穿越时空的精神力量和文化价值。大学精神的影响,不仅局限于校园之内,更有助于生成和塑造一个民族的精神内核和文化品格。一个优秀的民族,必然拥有能够体现本民族文化精髓的一流大学;一个强大的国家,必然拥有能够代表本国先进生产力的著名学府。文脉即国脉,古今中外,概莫能外。

当今世界,国家与国家之间的竞争,越来越多地体现在其所拥有的顶尖大学之间的较量。一所杰出的、一流的大学,其宏大而明确的抱负,就是要在知识的各个主要领域达至卓越,并以其源源不断的杰出人才保持和延续这种竞争力。如今,以北大为代表的一批中国高校,在创建世界一流大学的道路上已经迈出了坚实的步伐。截至目前,北大已有 18 个学科进入全球学术和科研机构的前 1%,学科实力、科研水平和教育教学质量总体达到了世界先进水平。

我们一刻不停地在努力,并且永不止步地追求更高更远的目标。北大人也充满了自信和期待:有朝一日,当北大的学者以其杰出的学术成就赢得国内外同行发自内心的尊敬;当北大的学生在世界任何一个地方就职都能以其实力赢得肯定和信任;当北大在过去与未来解决了国际前沿、国家急需的重大问题,并起到创新人类文明、引领社会发展的作用;当提到"北大"两个字时,我们的师生、校友,我们的同行、朋友,世界各地熟知或不熟知我们的人都能发自内心地肃然起敬。那时的北大,应当就是当之无愧的世界一流。这是北大要奋力前行的目标,也是新的时代赋予北大义不容辞的历史担当。

"中国梦"是中华民族的共同梦想,"中国梦"也是由我们每个人、每个群体一个个梦想所组成。北大将是同学们圆梦的理想地方——你们将在这里接受最好的本科教育,你们的个性将得到最充分的尊重,你们的才华将在最广阔的舞台上得到展现。一个人要有梦想,一所大学也要有梦想。在北大这个追求思想自由的地方,这个精神与文化的圣地,我们每个人的梦想可能各不相同,但在所有这些梦想中,我们都有一个共同的愿望——那就是希望北大的明天更加美好。这个"北大梦"将激励着我们戮力同心、不懈努力。

亲爱的同学们,金秋九月,一段精彩的大学时光在等待着你们。我真诚地欢迎你们加入北大人的行列!让我们从燕园起步,共同为实现伟大的"北大梦""中国梦"作出自己无愧于历史的贡献!

北京大学校长

中国科学院院士

发展中国家科学院院士

目 录
Contents

1 ▶ 恍如隔世，恰似流年

　　我的观点是，无论自己的实力多强，一定不要放弃对高考内容的学习。只学竞赛而不学其他科的人很难考上理想的学校，平时成绩好的人由于还有一条后路，在竞赛场上心理压力要小得多，更容易发挥出正常的水平。因此，我建议，学习竞赛的同学无论在哪个时期，平时成绩最好都要进入全校前列，这样的平时成绩不仅对竞赛有益，而且会打下一个较好的文化课基础，使得大学的学习轻松得多。

14 ▶ 高中生活不完全攻略

　　笔记建议用16开活页纸记，可以随用随取，随记随添，方便按模块整理。课堂笔记尽量记得详尽条理，尽早形成自己记笔记的习惯，比如怎么标注重点、怎么缩写、略写节省时间等。课上没来得及记下的、没弄懂的内容先用便签、铅笔等标注，下课后再解决。

21 ▶ 竞赛"疯子"

　　如何让贪婪激发求知中的正能量呢？既然要"贪"，那就要舍弃满足感，对已存的答案，要用挑剔的眼光来看待，即追根究底。追根究底，是在已有答案的情况下，敢于提出质疑。在高中的理科学习中，教科书的一些知识点显得生硬、模糊，有的甚至不得不强行背诵。而我坚信真理是简洁的，杂乱的公式背后一定存有简洁的逻辑。

26 ▶ 谈生物竞赛学习之经验

　　笔记是要反复翻的。记忆的关键在于重复，而笔记就帮助你能够高效地重复。很多人记了笔记之后就将它置之不顾，这和没记几乎没有差别，知识到了笔记本上不一定是你的，到了脑袋里才是你的。跨章节归纳也是一种有效的归纳方法，相当于从另一个维度重新给课本编了一个目录。如果说课本顺序是横杠，你的归纳顺序是竖杠，那么结合在一起就成了一张网。

32 ▶ 写给那些热爱数学的同学

　　每个人在考试的时候都会有各种各样不同的反应，有的人会大脑一片空白，也有的人会比平时速度更快。想要在考试中发挥得更好，就要先了解考试中的自己。如果考试的时候自己会不知所措，那么拿到题目后就不要马上开始做题，而是先看看题目，利用让自己冷静下来的时间估计一下题目的难度。

39 ▶ 学习经验总结

　　语文的阅读题、诗词鉴赏题很多时候有答题的"套路"。先答什么后答什么，要答哪些内容，也要通过平时的训练、周测、考试，不断积累起做题经验来。作文的审题立意、谋篇布局上的"套路"，也是如此。规范的答题，会给阅卷老师一个好印象——书写认真→学习认真→成绩优良→得分高。0.5mm 中性笔答题、作图，两道横线划去错误，不能使用涂改液，不能超出方框……这些都是必须要注意的地方。

49 ▶ 脚踏实地开启人生新篇章

　　高三对每一个人来说，都有着不同的意味，但是它一定是沉甸甸的。一旦选择了这条路，我们必须接受这条路上的一切挫折。无论你是还在打击中沉沦，或是在挫折面前屈服，请你记住，挫折是笔财富。

目 录

54 ▶ 竞赛生涯的浮光掠影

实际上贴吧是个很好的平台，在这里可以找到志同道合的学友和能够提供学校经验的学长。在借鉴前人的经验下结合自己的情况，找到一条适合自己的竞赛之路是最合适不过的了。

58 ▶ 拥有一颗冠军的心

人应该挑选属于自己的道路，并把它做到最好，而不是随波逐流。每个人都可能喜欢很多东西，但我们并不是神，不可能把每件事都做到极致，该舍弃的时候，就要勇敢地抛下一些。

63 ▶ 与化学相遇，与北大结缘

"高考党"们很不容易，因为他们需要反复地做题，同一种题要做上千遍直到滚瓜烂熟。然而"竞赛党"们，某种意义上更加辛苦，因为我们不但要一套一套地做模拟题，而且必须像一块海绵，学会在书山中汲取知识。同时在没有老师的帮助下，我们必须学会自学，学会自己把握时间，更要学会约束自己。竞赛这三年，除了向我展示了一个光怪陆离的世界，还教会了我自学的能力和自律的品质。

71 ▶ 从化竞的崎岖路走来

不要总梦想着从数十万人中脱颖而出，成为所谓的"大神"，这只是个戏称罢了。如果竞赛上不能有什么大的进步，还是建议早早退出。

74 ▶ 高中这三年——两年潇洒，一年宁静

如果选择了竞赛，肯定意味着你的高中前两年要比别人更辛苦，因为你是把别人在最后一年玩命

苦读的日子提前到了当下。上帝应该是公平的，他只是把你痛苦的时光提前，快乐的时光整合成集中的大半年延后。总之，学习没有哪一条路是轻松的捷径，抱有侥幸心理是万万不可的。

80 ▶ 一段心路

竞赛让我在失意的时候看到希望，在付出之后赢得荣誉，让我得到了自信和认同；竞赛让我学会了在逆境中自己坚强面对，让我明白了没有任何人可以一直帮助你，一切都要靠自己。

95 ▶ 路漫漫其修远兮，吾将上下而求索

希望每个学有余力的同学，先听至少一门竞赛课。因为竞赛课不仅是升入大学的垫脚石，也是我们锻炼思维、训练逻辑、探索真理的敲门砖。无论日后是否走这条道路，这都是对我们知识与技能的极好提升。从看懂，到做对，再到细节，最后到总结提升，是物理竞赛学习需要不断重复也是大有裨益的过程。

101 ▶ 学习经验分享

我认为，补课和培优是两个概念，前者是一种需求，后者是一种意愿。我的兴趣是数学和物理，但同时我也参加语文、英语的补课，原因是我想在这两方面取得好成绩。

105 ▶ 走向燕园

竞赛内容多且广，在首次阅读时，就要有不提笔不读书的习惯。在提炼书中主要内容时，要简洁易懂，层次分明。自己使用的各种符号和不同颜色的笔，也可以让思路更加清晰。在一次次的笔记复习中，勾画出最重点和薄弱的内容，从而让自己对

笔记更加熟悉，也将书"越读越薄"。

112 ▶ 只需转念一想，学习是件乐差事

总可以在五科竞赛中选到你喜欢的。但是，竞赛不是手段不是工具，它不可能成为你的任何跳台。竞赛，是找到你喜欢的知识的地方，是帮你找到兴趣的地方。数学、物理、化学、生物、信息学，每一科都有每一科的魅力所在。

117 ▶ 回首竞赛路，寄语同道人

很多人都有一种感觉，第一遍看书的时候如果效果不好，以后无论再看多少遍也会提高不大，因此要注重第一遍看书的质量。看书时要对所学知识进行整理，将各个部分知识连贯起来，总结出适合于自己理解记忆的知识体系，这对于巩固基础是很重要的。

124 ▶ 逐梦北大

还要强调的就是听课效率。如果课上老师讲的东西你都能记牢，都能弄懂，就会很容易得到高分。很多同学课上不认真、不专心，课下再加班加点，这种方法是不可取的。保证睡眠时间是保证听课效率的前提，养成良好的作息习惯，切勿熬夜。认真听课才能在学习上做到事半功倍，就算是自认为掌握的内容，最好也在课堂上认真听一遍，加深印象。

130 ▶ 燕园之路

在三年马拉松式的学习中，只有坚持的人才能有圆满的结果。听到闹钟，你能否立刻离开温暖的被窝；上课铃响，你能否及时拿出课本进入上课的节奏；夜深人静，你能否忍受攻克难题的艰辛……坚持好的学习习惯，保证规律的作息时间，是迈向成功的基石。

135 ▶ 我的物理竞赛生涯

人,最宝贵的就是青春,青春对每个人都只有一次。一个人的竞赛生涯应当是这样度过的——回首往事时,他不会因为虚度光阴而后悔,也不会因为一事无成而羞愧,当竞赛结束时,他可以说:"我将我高中的全部时光和精力都奉献给了我心中最崇高的'事业'——学科竞赛!"

146 ▶ 我的竞赛之路

学习竞赛意味着我们在本来已经繁重的高中课业负担基础上,又增加了对某个学科深入学习的压力;意味着我们需要更多的自主规划的能力;意味着我们需要面对更多的心理素质的考验;也意味着我们将享受到更多"不足为外人道也"的知识的快乐。

152 ▶ 化学竞赛随感

面对问题要善于思考而不是立刻求助于他人和答案,面对答案能够加以总结甚至质疑,面对老师能够提出所讲课程的局限与补充,面对权威能抱有自己的观点和看法,这都是学习竞赛的学生所应该具备的能力。

158 ▶ 梦想家手记

高中的确课业负担很重,语数外理化生政史地统共九门课,每门都还好,但乘以九还是很可观的。在这种情况下留给竞赛的时间并没有很多,所以才会说竞赛是给学有余力的同学准备的。

163 ▶ 关于生物竞赛的一切

"生物竞赛是最难的竞赛,因为它最苦,最累,要学的东西最多;生物竞赛也是最简单的竞赛,因为它是唯一一门只要努力就一定能取得成就的竞赛。"

目 录

172 ▶ 自我管理，追求卓越

先制定一个竞赛的一年规划，再把近期的目标制定好。每个阶段的短期目标一定要具体，有时还需要调整，才能逐个去实现。

177 ▶ 竞赛杂感

竞赛会追求更加深入的理解，更加标准以及完备的解释，学生可以接触到最前沿的科学，甚至可以看到科学对科学家探索的反诘，这样接触到的科学远比课本上告诉我们的真实得多，可爱得多。

182 ▶ 月夜随想

班主任对我们这群迷茫的少年说："内心强大的人，前途无量。"掷地有声，一字千金。或许竞赛，就是磨砺内心的过程。内心的强大，如蚌中沙，玲珑变珠；如石间种，葱郁成木；如河上鲤，跃然化龙。守住自己的内心，如姑射神人，大泽焚而不热。于是，我坚定了竞赛这条路。

186 ▶ 永远向前的竞赛路

每个学科，都有独特的意义，但学懂需要的是用心学而不一定是死记硬背。例如地理这门学科，自然和人文相互影响，不同的气候、水文、地形、植被条件造就了不同的交通、经济、政治和文化。理解了这些基本的思想，很多学科其实不用花太多时间，基本上课好好听一听就能获得一个不错的成绩。

191 ▶ 竞赛——我与科学恋爱的媒人

无论你现在的成绩如何，与其作无意义的比较，更重要的是超越自己。你不可能是全宇宙的第一，就算是也不会永久。你也许一直努力但无法超越别人，可你一定能超越的，是现在的自己。你难道是在为超越别人而活吗？你有你，值得尊重的价值……

197 ▶ 竞赛给我的六点收获

　　有时候我们看标准答案,觉得某一步是应该顺理成章做到的,但让我们自己想,却未必想得出来。这是因为从已知的信息里挖掘出有价值的东西并不简单,而决定挖金子还是挖钻石更难。因为题目的很多边界条件往往隐藏在题目中间,我们必须按出题者而不是我们自己的角度来理解题目,想别人所想才是编程的关键。

202 ▶ 吹尽狂沙始得金

　　对这些知识我建议采用默读的方式。这是因为默读比朗读速度快,默读比朗读更有利于理解阅读的内容。一般来说,朗读有助于背诵,而默读有助于理解。同学们所进行的化学阅读主要要求理解,对于要求记忆的内容也不要死记硬背,而是在理解的基础上记忆。

208 ▶ 问渠那得清如许

　　田野里,时常可以看到狂风吹来大麦俯下了身子,风吹过后又挺立了起来——大麦是这样智慧地面对挫折的。在学习与生活中挫折与困难在所难免,令人迷惘。当挫折与困难来临,学会接受并俯下身去至关重要,或是自嘲一下,或是向家长倾诉一下,或是做点别的事让自己忘记烦恼,这未尝不是一个好方法。然而俯身并不是弯腰,俯身之后,我们还要挺立起来。

213 ▶ 后　记

恍如隔世，恰似流年
——高中化学竞赛学习全解

  我的观点是，无论自己的实力多强，一定不要放弃对高考内容的学习。只学竞赛而不学其他科的人很难考上理想的学校，平时成绩好的人由于还有一条后路，在竞赛场上心理压力要小得多，更容易发挥出正常的水平。因此，我建议，学习竞赛的同学无论在哪个时期，平时成绩最好都要进入全校前列，这样的平时成绩不仅对竞赛有益，而且会打下一个较好的文化课基础，使得大学的学习轻松得多。

姓　　名：于　涵

录取院系：化学与分子工程学院

毕业中学：东北师范大学附属中学

获奖情况：冬令营金牌

  每个人都有歇斯底里的本源，一颗心，是绝对不会因为追求梦想而受伤的。求学之路的失落与得意，清晰与迷茫，最简单的在于你拥有一个什么样的心境。努力中会有失败，会有失去勇气的时候，但我们必须努力。我们需要坚强，需要沉默，需要意志。生活可以是无趣的，但自己一定要快乐积极。我们都不是神的孩子，我们只是有梦的孩子。

  从初中学习化学以来，化学竞赛已经陪伴我近四年的时光。这几年的竞赛路，有过欢笑，有过泪水，磕磕绊绊地走下来，已是身经百战。在这里将我近几年学习化学竞赛的一点心得记录下来，算是对这几年竞赛时光的纪念。

几个需要说明的问题

1. 关于定位

所谓定位,指的就是学习时,偏重高考还是偏重竞赛,学习哪科竞赛以及学习几科竞赛。定位要趁早,越晚害处越大,犹疑不决,到最后很有可能一无所得。一般来说,在高一上学期的时候各科会分开上课,时间没有冲突,因此如果觉得精力充沛,可以尝试各科都学一学。到下学期的时候,就应该对自己喜欢哪科、哪科有能力学好以及各科在学校中的位置有一个较明确的认识,这时就应该作选择了。如果觉得没有适合自己的学科并且对拿省一等奖没有足够的信心,建议放弃竞赛,全力应付高考。如果没有绝对的实力,建议不要选两科以上的竞赛,人的精力都是有限的,很难做到面面俱到。选定一科竞赛后,就要花费较多的时间在竞赛上,并注重每一次竞赛考试,衡量自己的水平,关注在学校内的排名。就化学竞赛来说,在高二下学期开始的时候,如果能够进入全校前五名,那么就有冲击省队的实力,这时应该将更多的精力投入在竞赛上,可以考虑申请不在班上课,出去自习(建议英语课仍要在班听,语文、生物可以不听,数学、物理视个人情况而定)。总之无论作什么样的选择,坚持下去,必会获得成功。

2. 关于高考

我的观点是,无论自己的实力多强,一定不要放弃对高考内容的学习。只学竞赛而不学其他科的人很难考上理想的学校,清华北大等校都设有自主招生笔试,没有一定的高考基础是很难通过的。平时成绩好的人由于还有一条后路,在竞赛场上心理压力要小得多,更容易发挥出正常的水平。而且其他科对竞赛也不无帮助,单就化学竞赛来说,在学习物理化学时需要高等数学和热学的基础知识;在学习分析化学时常会遇到较烦琐的数学推导(比如解一个三次方程);在学习结构化学时经常会用到立体几何的知识以及一些基础物理知识。这几门课在没有很好的高中数学、物理基础的情况下学习会很吃力。因此,我建议,学习竞赛的同学无论在哪个时期,平时成绩最好都要进入全校前列(我这届几个省队的同学都是多次进入年级前五十甚至前二十名的),这样的平时成绩不仅对竞赛有益,而且会打下一个较好的文化课基础,使得大学的学习轻松得多。

3. 关于基础

在化学竞赛中,最重要的就是基础,没有一个扎实的基础,学得多深都是空中楼阁。这个基础包括两方面,一个是高中课程尤其是化学的基础,另一个就是大学课程的基础。在学习化学竞赛的过程中,一定要有很好的高中化学基础,否则学大学课程的时候很有可能会觉得不伦不类,学不到位。很多人在做高考化学题的时候会觉得有些吃力,这是不应该有的情况。应该承认,化学竞赛的确会对高中的化学考试有负面影响,但如果高中基础较好的话,这些影响完全是可以克服的。巩固高中的基础不需要投入大块的时间去做平时发的卷子,只需利用些小块时间即可,比如在课间做一套高考卷的选择题。做高考题时要保证速度和准确度,这对提高竞赛的解题水平是很有帮助的。在高中知识全部学完之后,可以尝试一小时内做一套高考卷子,如果随便拿出一套高考卷(除了上海江苏的)都能轻松完成,并且分数在140分之上(150满分),那么就可以认为,你的高中化学基础已经很好了。

对于参加化学竞赛尤其是想进入冬令营角逐的人,大学化学的基础是很重要的。虽然大纲中强调化学竞赛内容是中学化学的自然生长点,但实际上这些内容都是依托于大学化学知识的,如果大学知识学得到位,在做竞赛题时就会有种居高临下的感觉,解题的感觉也会完全不同。在学习大学化学的过程中,一定要注意系统性,这会使你所学的知识成为一个很有秩序的体系,而不是杂乱无章的一盘散沙。所以要定期对所学知识进行整理,将各个部分的知识连贯起来,这对于巩固基础是很重要的。

学习的时候将读书与做习题结合起来,多练习多思考,也利于加强基础。对于大学的基础达到何种程度,很难有一个确定的衡量标准,因人而异。如果在学完一科的知识后,对这科知识有一个整体地把握,并且在一段时间(如半年)之后仍有较清晰的印象,同时能灵活运用书中的知识来解决问题,那么大学基础应该就不错了。

4. 看书与做题

这里的书指的是大学教材及一些学科的专著,题则指竞赛题。对于应该多看书还是多做题这个问题,一位前辈说过的话我觉得很好:"看书多做题少的人就像《笑傲江湖》中华山派的气宗,而做题多看书少的人则是剑宗。短期内后者会比前者要强,但假以时日,前者一定会远强于后者。"以我个人的经验来看,题不能不做,也可以多做,但前提是看的书要足够多,足够扎实。只有这样,才能真正达到一流的水平。

看书的时候,一定要注意精和细,至少要对书上的大部分知识有较深刻的记忆,千万不要为了看书的速度和数量而忽略质量。书不一定要看很多,也不一定要看得太深,但是一定看得精。很多人都有一种感觉,第一遍看书的时候如果效果不好,以后再看多少遍也觉得提高不大,因此要注重第一遍看书的质量。看不懂或有疑问的地方先标记下来,等到有足够的知识储备之后很多地方就会豁然开朗。看书时要多思考,多想想这个物质为什么是这个颜色这个状态的,这个反应为什么这么发生,这个公式是怎么推来的,这样才能从书中看出书外的东西,才能有更多的收获。有问题可以先留着,过一段时间再想想,可以一直将问题留到竞赛前再问。要善于总结出适合于自己理解记忆的知识体系,提取出书中的精华,对这本书讲述的知识有一个整体的把握。需要指出的是,尽信书不如无书。现在的书没有一本是没有错误的,所以看书时一定要慎重,多与自己已掌握的知识对比,敢于指出书中的错误,这样才会有更大的收获。

对于竞赛题,我的意见是尽量晚做,在没有足够的大学知识储备的情况下去做竞赛题,只会将好的竞赛题糟蹋了。开始做题的时间因人而异,我觉得在高二的6月份开始做就来得及。市面上几乎没有好的竞赛书,大多数漏洞百出,看这些书不会受益反会受其误导。做题的时候,一定要兼顾速度和准确度,这两者在竞赛中是会决定一切的。速度是建立在对知识熟练的基础上的,而准确度则完全出于平时的做题习惯。平时做题的时候要好好写计算过程以及对每一个问题的解释,并仔细思考答案的说法,从做题中学会用化学的语言来解释问题。做题时对于答案要慎重,很多答案都是有问题的,要认真考虑。另外需要强调的是,轻易不要看答案,在没有绝对把握前,一定要再想想自己写得到底对不对。历年的全国初赛和冬令营题都应留到最后再做,用来找做题的感觉。好的竞赛题不多,一定要珍惜。

准备竞赛的时间安排

每个人的情况都不同,时间安排是因人而异的。我只是说一下我自己认为合理的安排,取舍可以根据各人的具体情况而定。这个安排是适于想进入冬令营参加决赛的同学的,但是对于只想拿省一等奖的人来说,我觉得也有一定的参考性,各种级别的竞赛是互相联系的,站在更高的层面上来看待竞赛学习竞赛,或许会有更大的收获。

1. 高一安排详解

(1) 高一上学期。

这段时期应该把高中化学的知识学完。校内的竞赛课可能只把高中的无机化学内容讲完,有机化学部分是需要自学的。在看书的同时,应该做一些习题,我觉得《龙门专题》是不错的选择。如果有精力的话,我认为这学期应该将《龙门专题》全部完成。一般来说,这个学期会针对高二学生开设"无机化学"课程,这个课程对高一的初学者来说十分重要,它可以使你真正进入竞赛的大门。无论能否听懂,能听懂多少,都应该坚持去听。课后要找一本合适的无机习题集，做相应的习题，对大学无机化学的内容有一个基本的印象，为日后的学习打下良好的基础。

(2) 高一的寒假。

这个假期可能是高中最长的一个假期了。这段时间可以找几套高考题做做，巩固高中的化学知识，并对高中化学知识进行系统整理。这个假期最重要的任务可能就是巩固已学过的大学无机理论课程。将无机化学上册从头至尾细细地看一遍，并将徐老师出的《无机化学例题与习题》"元素"部分之前的习题做完、弄懂，对无机化学上册的内容要有很好的掌握。

(3) 高一下学期。

在确定高中化学及无机理论课程都掌握之后，这学期可以开始元素部分的学习。学习元素时可以看武汉大学、吉林大学合编的《无机化学》（第三版）的下册，看书的时候要注意每一个知识点，看完每章之后都要做相应的习题，加深印象，如果觉得有必要，还可以做读书笔记，加强记忆。元素化学的知识很杂，需要掌握的知识很多，因此学的时候必须要有耐心，将各个知识点在理解的基础上记下来，并要找出适合自己的记忆方法。可以说在一定程度上，"元素"要像学英语那样来学。比较好的状态是学过一遍元素之后，至少在两个月内仍能将知识记住并能灵活运用。

这学期可以开始学习有机化学的知识，以《基础有机化学》为教材，一章一章细细地看下去。看书的速度不要太快，要注意质量，不要放过每一个图，每一个反应，每一行字，必要的时候可以将书上的反应，按照一定的次序背下来，开始时会很痛苦，但一段时间之后必见成效。看的时候要注意每一个反应的机理，要深刻理解记忆并学会灵活运用。机理是理解反应的基础，只有在掌握机理的前提下，才能合理地运用，并推出陌生反应的产物以及进行有机合成。看过一章之后，应首先对这章的知识进行总结，然后做相应的习题。在保证平时上课的情况下，一周看完一章是比较合适的。有机化学很强调基础，第一遍看书的时候要认真仔细，要尽量学得扎实,否则过一段时间就会觉得好像自己什么都会,但却不敢确定自己是对的,这是非常可怕的。有机化学的系统性很好,各部分知识都有衔接,因此在学习的同时要形成一个较完整的知识体系,这样对于以后学习更深层次的知识很有帮助。

这学期有些学校的高二可能会开设有机课和综合课,这两门课要尽量坚持去听,开始时难度可能较大,会听得一头雾水,但时间长了就会感到自己的进步。另外,4月末5月初的时候会有省级化学竞赛初赛,赛前可以将《龙门专题》上的题看一看,并做几套高考题。对于这次竞赛大家一定要重视,这会决定你是否能够参加当年的全国化学竞赛初赛,对于高一的学生来说,能够在高二参加一次全国初赛是很有益处的。

(4) 高一的暑假。

假期开始的时候应该会有各地化学会组办的化学夏令营。在这个夏令营上可以将已学过的知识进行整理,同时也可看到自己与上一届学生的差距,要好好珍惜。夏令营之后就应该开始系统地复习无机化学了,这时可以找一本新的无机化学习题集,看一章书做一章题,争取在一个月之内完成。这遍复习时要做到对理论知识牢牢掌握,并对主要元素的一些性质熟稔于胸,对一些不是很重要的元素的性质有一定印象。同时,要继续学习有机化学,一直到上册结束。要对上册的知识有整体的把握,牢记一些重要的反应。"醛酮"一章的知识是有机化学的核心,下册的前半部分知识也是围绕这一章展开的,因此一定要认真对待。

2. 高二安排详解

(1) 高二上学期。

这学期一开始就会有全国初赛,这是大家在高中阶段的第一次大赛。这次初赛对大家来说很关键,可以通过这次竞赛看到自己的水平以及在学校中的位置。如果这次初赛的分数就足够一等奖的分数,那么第二年就很有冲击省队的希望。赛前应该对已学过的知识进行适当的复习,并做一套前几年的初赛卷子(不要做太多,把好卷子留到下一年)。初赛之后,要拿标准答案与自己的答案进行比较,找到自己的优势与不足,并用一段时间来反省以前的得失和思考以后的竞赛路。

初赛之后,学校化学竞赛的接力棒就交到大家的手中了。在思考过后,心绪平定下来,就要开始继续奋斗了。这学期应该对《有机化学》上册的知识进行复习,要掌握书上的每一个反应,明确每个反应使用的条件及产率的高低,要学会灵活运用、组合反应。在对上册知识有足够的信心之后,就可以开始学习下册的知识。下册我建议学完"酚醌"一章即可,"周环"一章可以记下一些结论,关于"糖"的知识也可以简单学一学,其他诸如"杂环"及与生物化学有关的知识可以先不学。下册的难度要比上册大得多,知识的应用性也更强,因此学的时候要更注意理解和运用。大约在接近12月的时候,有机化学的知识就可以学完了,这时要用至少一周的时间对有机化学进行复习整理。如果觉得有必要,可以做一本笔记,将主要的反应及结论整理出来(不要将机理写上去,日后复习时可以拿着笔记想机理,这样对记忆机理很有帮助)。复习时要注意整体性和系统性,将各部分知识有效地联系起来。

在剩余的时间里,如果数学基础较好,可以学一学微积分的基础知识。我建议用同济大学的《高等数学》(第六版),这本书讲得较透彻,习题也较多、较典型,适于初学者。如果在理科实验班的话,这时可能已经讲到了"极限"和"导数",可以花一些时间多做点关于求导的题目,将那些公式记熟,然后开始学习"积分"。对于化学竞赛来说,不需要太深的高等数学的知识。另外再看一看"偏微分"的基础知识即可。学微积分时可与学物理竞赛的人探讨,他们一般都有较好的高数基础。在化学竞赛的其他学科中,几乎无一例外地都会用到高等数学的知识,因此要尽量做到对微积分的基础知识熟练掌握,对将来大学的学习也是很有帮助的。

(2) 高二的寒假。

这个寒假可以考虑到北京组织的竞赛班听一次课,拓宽一下眼界,见识见识全国化学竞赛的权威,也会一会其他省的高手。一般来说,只要自己学得足够好,在这次辅导中都会找到自信。

如果觉得无机有机的知识都已掌握,那么这个假期就可以开始学习其他几科,即结构化学、分析化学、物理化学。我建议学习物理化学。物理化学在初赛中考得较少,但在决赛中很重要,在寒假学习不至于耗费高二下学期的黄金时间,又能对物理化学的基础知识留下一定的印象。这遍学习不需要将全书所有内容看一遍,只需掌握热力学第一定律、第二定律、化学动力学这三章的知识。由于物理化学教材中对热力学第一定律、第二定律的讲述过于简略,那些理论的细节很难理解透彻,我建议在学习"物化"之前先学习物理的热学中的"热一""热二"。在学习"热一""热二"的时候,要注意对基本概念如准静态过程、可逆过程、状态函数等的理解,并注重各公式的推导。动力学只需学习化学动力学基础(一),其中每一个公式都要会推导(有几个会用到微分方程),不仅要记住公式,还要记住公式的具体的使用条件。每章学习之后都要做书后的习题,尤其是动力学的课后题,其中有很多题都是竞赛原题。对于热学中不懂的知识和题目,可以向学物理竞赛的学生寻求帮助。

(3) 高二下学期及暑假。

这学期的时间是极其宝贵的,可以考虑放弃一些平时课程,在竞赛教室或图书馆自习。4月份的省初赛一般都能通过,不要太分心,以免耽误学习大学课程的进度。

三四月份可以学习结构化学和分析化学。

① 结构化学。

对于结构化学,开始可以看段老师的《结构化学基础》,全书通读一遍,需要用到薛定谔方程、量子力学、群论之处可以跳过,适当地做课后习题。晶体前面的知识可以略放松一些,无须太深究,只要对知识有一定的印象即可,但对于势箱、元素周期性、相对论效应、氢键和超分子要有较好地掌握,如果有兴趣,也可以看看对称操作和点群符号。在学习晶体的时候,一定要注意对点阵概念的理解,注意对结构基元、晶胞等概念的区别。可以说,"晶体"那章的前十几页就决定了"晶体"能否学通,因此在看书的时候一定要慢,要仔细思考,理解每一句话的含义。在"晶体"的学习中,书中出现的每一个公式、每一个参数都要试着推导,对每个晶胞都要仔细研究,深刻记忆。金属晶体是理解各种晶体的基础,要熟练掌握。离子晶体一章中的鲍林三规则很有用,要学会灵活运用。看过《结构化学基础》之后,可以做做《无机与结构化学习题》中能看懂的题目。如果有时间,可以看看《高等无机结构化学》。这本书难度要大一些,前面的内容挑能看懂的看,晶体一章中的晶胞及每一句话都要理解记忆,后面的元素部分略看一遍,对书中出现的特殊的东西有一些印象即可,没必要仔细研究。个人认为结构化学应该是所有平行学科中唯一需要老师讲的一门化学,所以遇到问题时要及时向同学老师请教,做到真正理解。

② 分析化学。

对于分析化学,如果高中数学的基础很好,可以看《化学分析原理》,除了电位分析、数理统计,其他各章都应细看。这本书较难,书中出现的每一个公式都要会推导,尤其对于酸碱滴定和络合滴定,所有内容(包括终点误差、缓冲容量等)都要掌握。学过每章之后,都要做《分析化学例题与习题》上对应的习题。在学习分析化学的过程中,习题是很重要的,在做习题时,最好做到既快又准,一遍就算出正确答案。做分析化学的习题,不仅会提高分析化学的水平,也会提高计算能力,从而减少了在竞赛中算错数的可能。分析化学的习题是最能练习耐心和做题的准确度的,一定要重视。

学过结构、分析化学之后,可以考虑看一看严老师的《普通无机化学》,复习元素。这时就要将已经遗忘的知识捡起来,对镧系锕系以外的所有元素的性质都有较好地掌握。然后就应该系统地复习有机化学知识,牢固掌握每一个反应。复习之后可以做一本习题,我推荐《有机化学例题与习题》。如果基础比较好,这本题应该在二十天之内做完。做题的时候要注意自己印象不深刻的反应,同时提高自己做有机合成题的水平。这本题最后有一些考研题,可以用来增强自信。

大约在 6 月之前,上述任务应该能完成,这也就宣告着初赛前的大学课程告一段落,这时就可以开始做竞赛题了。开始时应该看《奥林匹克化学》,仔细体会书中的思想,这对做初赛题有很大益处,接着就应该做题典了。如果手中有三本题典,可以都做一做,但其实做一本题典,再做一做近几年的新题就够了。题典中的物化题可以留待以后再做。做题典时要特别重视历年"全初""冬令营"的题目以及全苏或全俄竞赛题,这些题的思路很纯正,最适合准备竞赛。安徽省的无机化学题,与蓝皮题典中江苏省的有机化学题都非常好,做的时候要注意。前两本题典中有一些高考难度的选择填空题,这些题可以锻炼速度和准确度,不要跳过。正常来说,五十天内三本题典都能做完。在做完一本题典之后,可以选择前一年的冬令营题按规定的时间做一做,看一看自己的实力。

另外,这学期可以开始练习实验,从分析实验和无机实验入手,尽量熟悉基本操作,并累积一定的经验。

3. 高三安排详解

高三。

开学后距初赛应该还有大约一个月的时间。这时就不要再大量做题了,而应该开始复习。可以先复习结构化学,推荐参看《高等无机结构化学》,要特别注意书中出现的晶胞。感觉时间足够的话可以看看《中级无机化学》中关于配位化学的部分。然后,可以复习元素知识,并利用小块的时间参照以前做的笔记来复习有机化学。赛前一周可以对照大纲看看自己学得不扎实的知识。在看书的同时,要看以前做过的题,尤其是做错的题,对于这些题要好好思考当时是怎么错的,以后怎么避免。赛前可以做几套历年的初赛题,找找感觉,并测验一下自己的水平。如果有时间,还可以做一两套模拟题,提高自信心。这段时间最关键的就是心态的调整,可以把学习时间适当缩短,出去参加一些体育运动活跃一下身心。在赛场上心态几乎可以决定成败。初赛时不要过于担心竞赛的结果,要尽量发挥出自己的水平。不管怎样,这段竞赛的经历,就是最大的收获。

初赛之后,如果觉得自己能进入全省前二十并自信有实力冲击省队,就要开始准备省队的选拔考试。首先学习物理化学,复习"热一""热二"和动力学,之后可以看一看电化学、酶促反应动力学和兰缪尔等温吸附,将题典上物理化学的竞赛题做完。在"物化"基础知识学过之后,可以有目的地做一些有机合成题及反应机理书写的练习,特别注意对缩合反应的运用。省队选拔考试有的省会有实验考试,也可以适当作些准备。

大约在10月中旬,省队名单就会确定下来,省队培训也会开始。如果进入省队,就要开始着手准备冬令营考试。依照我的经验,这两个多月很难投入地学习理论知识,因此要做好时间安排。这时的学习内容就要依个人情况而定了。

这两个多月最重要的是实验。

在各个大学做实验的时候,一定要严格要求自己,重视每一个实验,重视每一个细节。不懂的地方一定要问清楚,不要留下疑问。

① 无机实验。

无机实验要追求操作的连贯性和准确性,并在保证产率、纯度的前提下提高速度。

② 分析实验。

分析实验更要求速度,在保证每个操作都正确无误的前提下,越快越好,一般的酸碱滴定在 80 分钟之内较好。

③ 有机实验。

有机实验是重头戏,要特别注意对基础操作如蒸馏、减压蒸馏、水蒸气蒸馏、抽滤、萃取、干燥、重结晶、搅拌、控温滴加等的练习和掌握。

开始的时候可以按照书上提供的参考时间来做,在熟练之后就要比参考时间提前至少一小时,快的甚至可以提前三四个小时。在做合成的时候,要做好时间统筹,而且不要放过每一次练习重结晶的机会,这对于熟悉操作、加快速度很有帮助。在最后的几天,要限时做几个冬令营的综合实验,看一看自己的实验水平。不得不承认,真正考试的时候运气也是一项成功的必要因素。

冬令营就是一次盛宴,在这里你会结识许多朋友,获得很多人生中宝贵的经历。冬令营时要放松心态,不用担心太多以后的事情。在冬令营上要好好与周围的人相处,这些都会成为你日后的财富。

结语

化学竞赛是一条漫长的路途,布满鲜花,布满荆棘,但是无论如何,选择了这一条路,就要坚定不移地走下去。因为选择,所以珍惜,要记住最重要的不是结果,而是这一路的收获。在这漫漫长路中,你将学会自信,学会宽容,学会互助,学会坚强。几十年后,这段恍如隔世的竞赛生活还会提醒你,你拥有怎样一份宝贵的财富,拥有怎样一个恰似流年的青春……

望岁月静好,流年安稳。

高中生活不完全攻略

笔记建议用16开活页纸记，可以随用随取，随记随添，方便按模块整理。课堂笔记尽量记得详尽条理，尽早形成自己记笔记的习惯，比如怎么标注重点、怎么缩写、略写节省时间等。课上没来得及记下的、没弄懂的内容先用便签、铅笔等标注，下课后再解决。

姓　　名：李昔筱
录取院系：生命科学学院
毕业中学：山西大学附属中学
获奖情况：2010—2011学年度优秀共青团员
　　　　　2011年全国中学生生物联赛三等奖
　　　　　2012年全国中学生生物联赛一等奖
　　　　　2012年全国中学生生物学竞赛一等奖
　　　　　第四届全国中学生数理化学科能力展示活动数学学科三等奖
　　　　　第四届全国中学生数理化学科能力展示活动化学学科三等奖

多少难以相信自己能够被北京大学录取——虽然游学燕园一直以来是我的梦中向往，得知被预录取时，我深深地感到：这是一种荣耀，更是一种责任。回望高中走过的路，确有许多不足和遗憾，但那些不可复制的友情、经验、思维方式和价值观仍旧耀着璀璨的光芒。因了这荣耀和责任，我愿在此略述拙见，将高中阶段的学习方法、竞赛心得等分享如下。

高中学习方法概要

根据我个人的经历，我总结了高中生活的几个特点：

一是校内学习任务多,包括主课的预习、繁多的课程、繁重的复习任务和作业等;

二是课外活动多,比如艺术节、演讲辩论赛、运动会,等等;

三是课下需要自觉进行补充的练习,选择适合的参考书、课外书、强化班等,自学一些知识丰富自己;

四是理科课程难度较大。

针对以上特点,我们需要关注以下几点。

1. 制定目标

想实现自己的理想或者大目标,一定要细化目标,每个阶段都应该制定一些具体化的小目标,比如读完一本书、吃透一册题、排名达到某个数字、超过某个同学。每日审视自己、观察同学,找到与目标间的差距,会督促你拧紧发条、充分利用时间。久而久之你会发现,自己离最初的远大目标越来越近。

2. 制订计划

制订具有可操作性的计划,能提醒你下一个目标是什么、此刻应做些什么。制订并执行计划能使你有紧迫感,避免了盲目地浪费时间和倦怠心理。计划可以做得很具体,比如具体到一个知识点、一小段时间的任务,如果觉得没必要,也可以根据自己的需要和习惯来制订。

3. 规划时间

花一定的时间在社团活动、休闲放松上是必要的,但高中的主旋律终究是学习。建议配合学习计划制定自己的时间表,学的时候专心学,玩的时候撒开玩,高效率地使用时间。此外要学会抓紧一些副课不讲课时的空闲时间完成各科作业。

4. 培养兴趣,适应老师,避免偏科

俗话说兴趣是最好的老师,而学生对一门课是否感兴趣,很大程度上取决于任课教师的人格魅力和教学水平。水平高、性格好的老师不仅人受欢迎,其课程也生动有趣、不显枯燥,更容易被接受。然而,我们免不了可能会遇到不相合的老师,或是某位老师讲课说方言让我们苦恼不已,但是我们不应该基于自己的喜恶而排斥某位老师或某个科目,有问题要及时解决,真诚地与老师交流。

如果你对自己所必须学习的东西不感兴趣,那么你将会陷入恶性循环,导致学习极为痛苦,甚至偏科挂科。如果因为缺乏兴趣要跟老师对着干或者不认真学习等原因导致偏科,即使你其他科目再优秀,总成绩也会被严重拖累,无法跨入尖子生行列,最终吃亏的只会是自己。所以一定要避免偏科,薄弱科目也要尽早补起来。

主动地对要学的东西培养兴趣,尊重老师和他们的言行方式,与老师建立良好的关系,你会渐渐感到学习变得轻松了。

5. 形成方法

学习方法应该适合自己的实际情况和老师的教学方法,不断修补,灵活应变。而大方向则是适当预习,注重课堂和学校学习的效率,及时做题、巩固。

在此分享三点实用的重要细节。

(1) 做好笔记

笔记建议用 16 开活页纸记,可以随用随取,随记随添,方便按模块整理。课堂笔记尽量记得详尽条理,尽早形成自己记笔记的习惯,比如怎么标注重点、怎么缩写、略写节省时间等。课上没来得及记下的、没弄懂的内容先用便签、铅笔等标注,下课后再解决。

(2) 资料整理

准备几个文件夹,用来整理学案、试卷、报纸等零散的资料,完整地保存资料,能省去手忙脚乱找资料以及重复复印资料的时间,也对考前复习很有帮助。

（3）整理错题

错题也建议用活页纸分模块整理，可以把错题添在相应模块笔记后面。可以用剪贴、手抄（可请家长帮忙）等方法收集错题，建议在每道题下面简单地写上错因和正确解题思路。错题来源就是你所有做错的题目，不过那些因为粗心做错的题以及温习价值不大的题完全可以不整理。考前复习时，笔记本、错题本和试卷资料是非常有用的。

6. 英语学习

自始至终，所有人都在强调英语的重要性，毕竟高考总分的20%由英语占据，并且，在知识全球化时代，英语是一项很重要的工具。而理科生对英语语文的学习投入比较少，理科生如果能学好英语会有很大的优势。

（1）创造语言环境。

高中阶段英语学习普遍缺乏氛围和语言环境，只能选择朗读、背诵的方式来增强口语能力。平时要认真完成老师布置的阅读、朗读、背诵任务，不要应付了事。课外还需要自己补充扩展，勤加练习，比如读英文原著，看原声电影，听英语新闻，与网友交流，等等。此外，我个人比较推荐在周末、假期登录网校练习英语。

（2）利用零碎时间多积累。

高中英语十分依赖平时的积累，笔记要记得条理清晰。此外可以用小便签本记单词和短语，充分利用起上操的空闲时间、上学的堵车时间等零碎时间。

（3）选好参考教材。

参考书必不可少，但一般情况下学校发的练习册上的知识点已经很详尽了，所以建议不要买《教材全解》那样主要包含详细知识点的资料，最好找到自己的薄弱项，进行针对性训练（完型、改错、阅读理解、单选、作文……）。

（4）利用好假期。

假期建议加强听力练习，增加词汇量，保持定期练各种题型的题，贵在坚持。

学习理科的关键在于培养理解能力,掌握处理问题的思路、方法。尤其要学好数学,数学可以提高我们的逻辑思维能力,如果数学学得好,化学、尤其是物理一定差不了。

竞赛心得

我专攻的是生物竞赛,所以在此分享一点生物竞赛经验。

1. 听课

高一按部就班跟着老师的节奏听课,积累基础知识,到后期就会很轻松。不要觉得自己知道得多,就疏于听课,裹足不前。没有特殊情况不要误课,上课不要开小差。

2. 记忆和总结

都说生物是理科中的文科,生物竞赛也不例外,需要记忆的东西比较多,但不必担心记不住,也绝对不要死记硬背。

好的记忆方法是,构架体系,边理解边记忆。生物体结构方面的知识可以结合图像记忆、列表格、比较记忆,编口诀记忆。

各届学长们编了很多顺口溜,大家也可以编自己觉得顺口的口诀。我们学校的老师们常会发一些总结性的表格,也会给大家分配总结任务,然后汇总交流。

内容实在记不住的可以摘录到便签本上,模仿记英语单词的模式,利用零碎时间反复记忆。

3. 做题和解决问题

最终面临的是竞赛考试,所以请先弄清考试的规则和题型以及模块所占比例,等等。

前中期,课堂是重点,做题为辅,但也不能不做。做题可以帮你熟悉题型,找到试题的侧重点,这个阶段抓知识点要广、细、全、准。

后期开始一轮复习时老师会定期发题讲题,题目一定要在讲之前做完、对答案、自己解决能解决的问题,老师讲的时候才能有的放矢。同时自己需要在校外额外买习题集,多多刷题。

冲刺阶段则主要是复习笔记及题海战术,因为时间非常有限,所以对于争议性强的问题,宁可死记答案也不钻牛角尖,浪费过多时间纠结抱怨。这个阶段多做题能帮你补充课本上没有的零碎知识。

不理解的题和知识点要积极请教同学、老师、百度知道、百度百科,等等,同时积极给同学答疑解惑,与同学分享学习经验和知识点。

4．外出培训

假期适当参加一些竞赛培训机构的培训。校外培训的主要作用是:

（1）通过和其他省,尤其是强省的同学交流来补充知识,同时看到与别人的差距,产生动力;

（2）在老师的带领下梳理知识,拓宽知识面;

（3）把积攒的疑难问题拿去问培训机构请来的权威老师、教授。

5．教材

高一着重基础,陈阅增教授的《普通生物学》《奥赛金典》《精英教案》和《生物竞赛讲义》等等都是综合性的高中生物竞赛专门书目。

中后期要看一些大学教材,主要用来查询、补充,涉及重点难点疑点的部分要反复研究。

因为毕竟大学教材又厚又贵,也不是竞赛的重心,所以没必要各个模块的大学教材都收入囊中,平时可以与同学互相借阅教材,也可以向老师借书,从图书馆借阅,关注书店、网店图书信息,或是找学长买旧教材,通过各种途径充分利用资源。

高中生活感悟

此外,我在高中阶段还有一些感悟一同在这里分享。

(1) 不管你有没有兴趣或是功利心,一定要有野心、上进心。

(2) 对自己要自信,对名利等不要考虑太多,脚踏实地学习就可以了。尽人事,听天命,之后一切都会水到渠成的。

(3) 眼前的成绩都是浮云,它不能决定你未来的发展。一定要相信自己的潜能。举我自己生物竞赛的例子,初赛前我的成绩排名一直在年级二十名左右晃荡,初赛时考了年级第八,复赛全省第三,国赛摘得金牌。不断超越自己就是进步,所以请不抛弃不放弃,血拼到最后一刻!

(4) 一定不要偏科,高中阶段的课程都是基础课,即便是走竞赛的道路,也要兼顾其他科目。

(5) 坚持＋勤奋＋好运气＋好心态＝好成绩。

(6) 日积以进,日进以达,惟勤惟克,可精可达。

回首高中阶段,有辛苦也有欢乐。只要你明白,学习是一件痛并快乐着的事,那么你一定会战胜迷茫和疑惑,顺利度过充实的高中三年,收获知识、友谊、快乐……直到实现自己的目标,考入理想的高等学府,离自己的梦想更近一步!

竞赛"疯子"

如何让贪婪激发求知中的正能量呢？既然要"贪"，那就要舍弃满足感，对已存的答案，要用挑剔的眼光来看待，即追根究底。追根究底，是在已有答案的情况下，敢于提出质疑。在高中的理科学习中，教科书的一些知识点显得生硬、模糊，有的甚至不得不强行背诵。而我坚信真理是简洁的，杂乱的公式背后一定存有简洁的逻辑。

姓　　名：王　迪
录取院系：信息科学学院
毕业中学：四川省成都市第七中学
获奖情况：2011年全国青少年信息学奥林匹克联赛一等奖
　　　　　2012年全国青少年信息学奥林匹克竞赛四川代表队选拔赛第2名
　　　　　2012年全国青少年信息学奥林匹克竞赛一等奖，入选国家集训队
　　　　　2013年全国青少年信息学奥林匹克竞赛冬令营一等奖，入选国家队候选队

三年前的夏天，我并不知道我哼着小曲小跑进入的是一个"疯人院"。后来听说这里聚集了全省病情最重的"疯子"们。所谓"疯子"，不过是一些人将人性中的某一面拓展到了极致，甚至成为其思维的方式，以致与所谓"主流"格格不入。

"贪婪"激发求知正能量

比如，学霸。

"学霸"们有着强于常人的求知欲。求知，不过是人心里对知识的渴求，而这求的过程是贪婪的。所谓"活到老学到老"，正是因为对知识的贪

婪。很难感受到求知路上的满足感,故他们常说"学无止境"。当"学霸"们埋头苦读时,旁人常调侃其为"疯子",而我们这些"疯子",并不是任凭本性释放去自我放纵,而是顺着本性来激发正能量。

如何让贪婪激发求知中的正能量呢?既然要"贪",那就要舍弃满足感,对已存的答案,要用挑剔的眼光来看待,即追根究底。

追根究底,是在已有答案的情况下,敢于提出质疑。在高中的理科学习中,教科书的一些知识点显得生硬、模糊,有的甚至不得不强行背诵。而我坚信真理是简洁的,杂乱的公式背后一定存有简洁的逻辑。比如,在学习电磁学的过程中,高中物理给出的公式展现的都是标量运算,有时还告诉你在某种情况下要再乘上一个值,感觉十分冗杂。查阅相关的资料不难发现,很多物理的量都是向量,从这个角度再去理解公式,顿觉非常清晰。检查自己对一个问题是否掌握的方法也很简单,即假想向一个不知道问题答案的人解释,要求是简洁、清晰。

能将这一点做到极致,实属不易,但还不够。这种程度的对知识的"贪婪"还不足以改变你的思维方式。让我们将人性中的"贪婪"再释放一些,直到我们不再局限于别人提出的问题,跳出别人给我们设置的框架,用自己的眼睛来观察这个世界,由我们自己来发现问题。当你走在路上,看见路旁的标牌上有一句英文的缩写,别人想"原来这句话是这个意思",而你想得是"这个缩写的全文该是什么";当你拿着一瓶饮料,拧开瓶盖,别人想"这种饮料真是解暑",而你想得是"哪些成分、为何会有解暑的功效",甚至还会突然想去了解瓶盖的发明史;当你坐在大礼堂中,听着枯燥的报告,别人想"这个人讲得太差了",而你想得是"为什么他的讲座吸引不了人",进而琢磨自己演讲时该注意些什么……

逐渐地,你的思维方式也被这种求知欲改变了。有人会觉得这么活着很累,而我猜想,若是有人连这一点也做到了极致,那他一定是在享受思考。思考令人睿智,思考也令人谦逊。当然,思维方式改变,行为方式随之改变,异于常人时,也就脱离了"主流"。

在竞赛学习中,我们得成为这样的"疯子"。高中竞赛主要依靠自学,罕有那种课堂上老师讲知识解例题的时候。你要自己去找教材,啃那些艰深晦涩的知识点,然后自己找习题、自己批改,就像是一个人的修行。这个修行是坎坷的,只有对这门竞赛有强烈的求知欲的人,才能满怀热情地坚持下去。这种求知欲具体说来,不过是"兴趣"和"梦想"。

兴趣,换一种说法是在一个领域内充满好奇心,好奇心能够引燃求知欲。有的人沉浸于数学证明的字里行间那种简洁的美;有的人被上至宇宙下至微粒的物理世界所吸引;有的人醉心于大千世界种种物质的纷繁变化;有的人对不同形态的生命充满敬畏和好奇;有的人在信息时代意欲投身0与1交织的世界……从始至终,兴趣都是最好的老师。

若说兴趣是老师,那么梦想就是监督。没有梦想,空有兴趣,只会三天打鱼两天晒网;而梦想就像是源源不断的燃料,让兴趣引燃的求知欲持久地燃烧。梦想不必很遥远,学英语的梦想可以仅仅是无压力地看美剧。我刚开始学信息学竞赛时的梦想,一是通过编程来驾驭计算机,二是在全国赛上站上领奖台。这些梦想,一方面敦促我在面对电脑时能心无旁骛地学习,一方面也在我处于低谷状态时给予我坚持的力量。所以我要说,我正走在追梦的路上。

学习的经验和方法

我花了相当的篇幅在求知欲上,因为这是意识形态上的东西,而我认为若你的兴趣、梦想等都到位之后,找到适合自己的学习方法并非难事。在此我也分享一些我在高中学习中的经验和方法(不一定只适用于竞赛),仅供参考。

1. 时间安排要紧凑合理

最简单的办法就是制订计划。可以在周末时计划下一周要做些什么,比如"每天背十个单词""周四前做好演讲用的PPT""五天中至少三天放学后跑一千米"……可以有每日的常规任务,也可以是一周完成若干次的弹性任务。不要计划什么时候开始做某事,而是给自己一个完成的期限,不同任务的期限应该均匀分布,而不是集中在同一天,要通过自己身心的感受来调整计划的强度。最好能找小伙伴和你一起,互相监督。有计划的生活会很充实,完成计划时还能让你拥有成就感。这样会渐渐进入良性循环。

2. 做任何事情都要专注

在课堂上,认真听讲还不算是专注,你还得保持大脑的高速运转:讲知识点时在脑海中多过几遍,尝试找出疑惑;讲例题时不仅要记录下解题过程,更要思考这种解法背后的思想。可以尝试在笔记本上留一个侧边栏,记录课堂中想到但没有时间去推敲的想法和问题,它们为你课后的巩固指引了方向。在做各种任务时,若发现总有一件事在心头萦绕不去,那就先解决那件事。刚开始每当走神时,可以在走神后回过神来时轻微体罚自己(比如扎自己一下)。另外,要提防被别人干扰,不与任何人作比较,做好自己就好。

3. 尽力让思维发散

这一点和前面提到的"求知欲改变思维方式"是契合的。拿到一道习题,若做错了,更正之后要思考自己犯的错误是什么、为何会犯;而做对了,也要考虑自己是否有猜测的成分(在做题时最好就标注出拿不准的题目)。进一步,要思考有无其他解法;更进一步,联想类似的题目,思考若是把已知和未知逆向后要如何做,甚至思考如何通过改编和加强来创造一道新的题目。我不太认同题海战术,做得多不如做得精,做得精才有机会去让思维发散。题海战术应当是对一个知识点有相当的思考后,用于提升熟练程度的。

在这三种方法之外,还有两条准则可以提供一些参考:一是,若选择了一个任务,就要倾尽全力将它做好;二是,在面临多种选择时,选择较难的那个(前提是较难的有更大的价值)。

其实,这些方法都不算有难度,都只是一些行为上小小的改变。可惜常人一般都安于现状。所以我眼中的"疯子",其实是那些执着近乎偏执,不满足于现状而力求改变的人。

这些"疯子"的外表下,是一颗颗单纯而热血的心,而心中,藏着一个又一个梦。

谈生物竞赛学习之经验

> 笔记是要反复翻的。记忆的关键在于重复，而笔记就帮助你能够高效地重复。很多人记了笔记之后就将它置之不顾，这和没记几乎没有差别，知识到了笔记本上不一定是你的，到了脑袋里才是你的。跨章节归纳也是一种有效的归纳方法，相当于从另一个维度重新给课本编了一个目录。如果说课本顺序是横杠，你的归纳顺序是竖杠，那么结合在一起就成了一张网。

姓　　名：汤济之
录取院系：生命科学学院
毕业中学：长沙雅礼中学
获奖情况：2011年全国中学生生物联赛二等奖
　　　　　2012年全国中学生生物联赛一等奖
　　　　　2012年全国中学生生物学竞赛一等奖

写在前面的一个大原则：学习方法因人而异，最适合自己的就是最好的。

生物竞赛由于其学科的特殊性，与数学、物理等学科竞赛有着一定差别。其中最主要的是，生物竞赛对于知识广度的要求是其他竞赛不可比拟的，但它对于计算分析、逻辑推理的要求相对较低。我的经验，主要是针对生物竞赛的。当然，对于性质类似的学科，我的方法与经验也是可以移花接木的。

竞赛学习总方针

针对生物竞赛的特点，结合本人实际操作的经验，我想在大方向上提出三点最需注意的地方。

1. 效率始终要摆在首要位置

有些同学以为拼学习就是拼时间,这个观点是错误的。过度的熬夜不仅不会取得太大成效,还会伤害自己的身体。拼学习实际上就是在拼效率。

什么情况下自己的效率比较高,这点要搞清楚。一般情况,人的效率与注意力的集中程度成正比。而大部分同学在考试的时候注意力最集中,所以,在平时的学习当中,可以试着找一下考试时的那种感觉。

然而,注意力高度集中的状态是难以维持特别久的。因此,要一张一弛,劳逸结合。感觉自己学习效率不高了,那就不要硬撑,硬撑也只是浪费时间而已。遇到这种情况,干脆就放下书和笔,到外面走走,放松一下,回来的时候再以饱满的热情投入到学习中去。同时,精神高度集中的学习是非常累的,因此,身体的休息也是非常重要的。

2. 一切以书本知识为主,做题永远是辅助工作

生物不同于数学、物理,后者可以通过做题找到方法,然后将此方法运用到别的题目中解决问题。而生物题多为知识性的,是没有某种可归纳的方法,可以从无到有总结出来的。因此刷题只能帮你补充到题目中已出现的知识,而题中的知识与需要掌握的知识相比何其有限,这就需要我们选对学习材料。

关于学习材料的选择,入门时最好不要挑冷门的书,应选普及的、大家都在用的书。每个学科的内容和知识都不可能只看一遍,有的部分甚至会看上十遍。我觉得一本质量好的教科书是非常重要的,将一本书看两遍是比将两本书看一遍要容易的,对于生物竞赛来说,将一本高质量的书吃透就绰绰有余了。

对于习题的选择,我认为每个学科配一本题集,再加上几本针对生物竞赛的题足矣。如果再配合平时老师发的试卷和各种考试,以上习题绝

对够用了。同时,对题目的态度要端正,做题不是主要目的,而是用来检测自己的学习情况的。看完一个章节内容,就做这一章题目检测一下,如果觉得不达标再针对性地"补书"。题目建议用铅笔做,若下次再想做可以重做。我对自己的要求是生物竞赛题达到"单选正确率高于90%,多选高于70%,综合试卷超过80%"——这是个很高的目标,但庆幸的是到后面我的考试成绩基本都可以远远超过80分。

3. 计划性很重要

计划可以让你知道自己应该干什么,给你一个持续的外力,协助你自律,可以让你的学习有体系有规律,而不是杂乱无章。它让你知道自己的弱点是什么,并督促你想办法攻克它。计划产生的连锁效应的力量是无穷的。

计划性并不是要求你将每一天的详细计划制订出来,写下来,这样有时反而费时费力。我从没有写过计划单,但我的计划都在心里。我的做法是:先制订大计划如学期计划、月计划;再制订小计划如周计划、天计划。越是大的计划就越是不能修改的,一定要完成的;而天计划基本只是方向,能做到哪儿算哪儿,有很大灵活性。这样,今天缺了明天就补点,计划就不会因为突发事件而废除了。

计划要合理,不要太紧也不要过松,这就得看你自己的把握,看你对自身的了解程度。若以前没有计划的习惯,我建议将计划订得略偏松一点,最好在自认为正常的情况下留一点缓冲期。要想将有计划性的行为坚持下去,最有效的方法就是让自己总是能够完成计划,给自己信心。

竞赛学习方法总结

说了大的方面,现在我来说说具体的学习方法。

总的来说就是要将知识精简。

1. 看书时在笔记本上做笔记

这种方法对于梳理知识体系庞大而复杂的章节尤其管用,将自己认为重要的知识点记下,可以极为有效地缩减书本内容,取出精华。像激素一章30多页,我就缩成了薄薄的三页纸。这样在考前复习时知识要点就更加清晰,背起来也更加有条理,更加容易。

某一个章节第一次记笔记时可以多留一些空间,不要挤满。这样,以后看书做题有所补充就可以加在上面,甚至可以附纸贴上。笔记并不一定要做成什么样子,像我的笔记简直可以说是草稿纸,只求自己看着舒服,查询时自己熟悉。笔记可以有非常个性化的东西,你自己怎样用着舒服,那就怎样做。

笔记是要反复翻的。记忆的关键在于重复,而笔记就帮助你能够高效地重复。很多人记了笔记之后就将它置之不顾,这和没记几乎没有差别,知识到了笔记本上不一定是你的,到了脑袋里才是你的。

2. 列表

列表绝对算得上知识整理上百试不爽的一种方法。凡是能比较的地方,列表总结几乎都能用得上,而且几乎都管用。

这主要是归因于两个方面:一是精简了知识;二是将知识用逻辑关系串联起来。

同时,表格几乎是一种最让人舒适的信息展示方式——简洁美观、一目了然,也省去了复习时在文字堆中寻找信息的麻烦。制作表格,对自己的归纳能力和创造力也是一种训练。

3. 跳跃性归纳总结

归纳总结一般来说就不拘泥于课本上的顺序了,除了普通的"精简课本"式的单章归纳,跨章节归纳也是一种有效的归纳方法,相当于从另一个维度重新给课本编了一个目录。如果说课本顺序是横杠,你的归纳顺序是竖杠,那么结合在一起就成了一张网,这样你对知识的理解将会更加精确,更加具体,掌握得也更加牢靠。

4. 绘图记忆

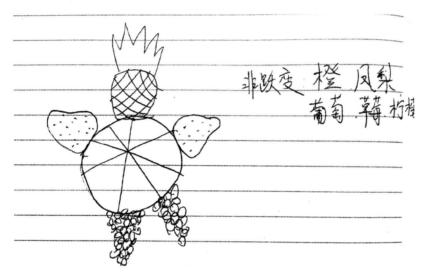

绘图仅仅是为了方便记忆。一般来说人对于图像的记忆远远深刻于纯文字记忆,而且图像越有特点越容易记。

我不惜将此种丑陋图像放上来,就是为了说明记忆并不是呆板的,凡是可以帮助你记忆的方法都可以为你所用。学习并不是同质的、局限的、拘谨的,而是独特的、创造的。

你要想接受一些知识,最行之有效的一条就是先向知识本身注入你自己的东西,融入你的创造、你的审美、你的心意,这样才能"和平演变"。

5. 顺口溜

顺口溜相比于绘图应该是更加普及的方法。

而我想要说的是大部分人不知道如何使用这种工具。正如我之前所说,学习是创造的、独特的,而现状是,大多数人都是从网上搜顺口溜来背,从而带来的问题是背不下来和易忘。

顺口溜就应该自己写自己背。自己写的顺口溜,可能在对称性和美感上不如网上下载的,但是你在创作时要整合知识,要对文字进行处理,在这种思考之中就加深了印象。一个好的自编顺口溜,在编完之时就应该背得差不多了。

虽然自编顺口溜可能语句并不通顺,甚至逻辑混乱让别人难以理解(像我曾经编的顺口溜音节对不上,又找不到词,甚至都用了符号代替,读音更是随便乱念的),但是它就是有效,就是记得住。

抛砖引玉,但也是经验之谈,望有所帮助。

写给那些热爱数学的同学

每个人在考试的时候都会有各种各样不同的反应,有的人会大脑一片空白,也有的人会比平时速度更快。想要在考试中发挥得更好,就要先了解考试中的自己。如果考试的时候自己会不知所措,那么拿到题目后就不要马上开始做题,而是先看看题目,利用让自己冷静下来的时间估计一下题目的难度。

姓　　名：柳何园

录取院系：数学科学学院

毕业中学：上海市上海中学

获奖情况：2013 年中国数学奥林匹克一等奖

会仔细阅读这篇文章的人,想必是一些在数学竞赛学习方面小有成就,或者,是想要有所成就的人。但是数学竞赛之路并不是一条十分平坦的大道,而是一条将会充满坎坷的小路。所以,在文章的开头,我想先说说如何培养对于数学的兴趣,以便今后在遇到挫折之时可以迎难而上。

寻找兴趣与发现专长

兴趣来源于什么？可能是对于"幻方"的喜爱,也可能是对于诸多猜想的景仰。当然,更多的是解决了一个个数学问题时的愉悦。也正因此,我们有必要在数学各个领域中找到自己最擅长的那个。或许是数论,或许是几何。由于自己对于这一领域的喜爱以及在其中的心得体会,自己可以迅速地建立起自信。就我个人而言,我在初学高中数学竞赛之时对数论很感兴趣。由于自己的这种兴趣,我很愿意花时间在研究数论上。

自然而然,遇到新的数论题总是乐于马上去尝试,并且会在做题时积累各种各样的经验和方法,在数论方面的能力也就滚雪球般地提高了。也正是因为在数论方面知识的积累,帮助我在初三时完成了一道数论大题,从而获得了高中数学联赛二等奖。自此,我也真正走上了高中数学竞赛之路。

冷静面对困难

1. 应对弱项的态度——勇于面对

人无完人,也很少有学生可以在数学竞赛各个方面都很拿手。而对于自己的弱项,我们总不愿直面。进高中时我的不等式学得很差,恰巧我们的小班也在上不等式的课,因此,我基本做不出什么题。由于自己没有什么信心,之后遇到不等式的题我就会自动跳过。在认识到这个缺陷后,我在暑假里列出了专门的时间练习不等式。当面对的全都是不等式后,我没有了选择的余地,只能硬着头皮去完成。在一段时间的练习后,我对不等式渐渐有了了解,也有了自信,在考试时也会尝试去做不等式的题。其实,有弱项是一件非常正常的事,在模拟练习中,我们可以先做自己擅长的题。但在练习结束后,不能放弃没有尝试过的题,而要尽全力去完成它,即便超过规定时间也不要在意。对待自己的弱项,首先要端正自己的心态,不能去厌恶它、逃避它。我在做了那些不等式的题后,发现这些题目其实并没有自己想象中那么难。困难的往往不是题目本身,而是我们敢不敢挑战这些题目。

2. 改进弱项的方法——坚持不懈

在学习的过程中,我们很有可能遇到各种各样的困难,比如说遇到瓶颈、排名靠后等问题。对此我觉得不仅要加强对自己弱项的练习,也要多与自己的老师、同学交流。在这之中我认为与同学的交流是非常重要的,可以从不同的同学那里学到不同的知识,在自己不擅长的方面要向别人多加学习。与题目给出或者是老师给出的标准答案相比,同学的解法显得更容易一些。一般来说,我身边的同学都对某个方面有自己独特的理解,或者是掌握一种独特的解题方法,这都是可以学习的地方。

3. 被赶超时的出路——决不退缩

排名发生变化是件很正常的事情,但是当某次比赛被原本不如自己的人赶超时,心情的确会非常郁闷。对此,我们其实并不用太在意,成绩有起伏是件很正常的事。当某次自己发挥很好时,不要骄傲;某次自己发挥不如意时,也不要气馁。如果成绩被别人超过,也不要怀疑自己,请肯定别人的努力。如果你想变得更好,不要去抱怨,而是要依靠自己的努力去获得。

 在竞赛中做得更好

1. 平时积累结论

现在很多人都在强调做题的技巧。技巧是什么?我觉得是一些简单的结论。比如任意 n 个整数中必有若干个之和为 n 的倍数;(n^2+1) 没有 $(4k+3)$ 型因子等。首先我们应该了解这些结论背后的原理,也就是要会证明这些结论(上面结论用到了同余和阶的知识)。这些结论,就像是连接知识与题目之间的桥梁;而题目,就是由几个结论构成的。能熟练地运用好这些结论,可以在做题时快速反应,因为只要找到了一个相关结论,就能拉近条件与答案之间的关系,从而解题(CMO 及以下的比赛一般不会超过两个结论)。而如何积累所谓的结论呢?这就要在平时的学习中多留心。结论一方面来源于老师,另一方面则来源于自己的思考和练习。平时偶得的灵感可以先记下来,说不定就是一条好的结论。而在做题时,可以关注一下自己的解法和标准答案的解法有什么不同。在标准答案的解法中,经常会有几步巧妙的做法,而正是这些看似普通的结论,却能成为日后解题的利器。

2. 答题沉着冷静

每个人在考试的时候都会有各种各样不同的反应,有的人会大脑一片空白,也有人会比平时速度更快。想要在考试中发挥得更好,就要先了解考试中的自己。如果考试的时候自己会不知所措,那么拿到题目后就不要马上开始做题,而是先看看题目,利用让自己冷静下来的时间估计一下题目的难度。这个方法在竞赛二试中尤其有用,题目一般不是按难度递增的,估计了难度后就可以定位自己最擅长或者是觉得最简单的题目。在完成一道题后,心态往往会比原来放松很多。而对于那些速度特别快的同学,我想说一句,千万要看清题目,有了自己的答题思路后,要想一下有没有漏洞再落笔。很多时候,我也会有"巧妙"的想法,可以将题目中大部分的情况都解决。在这个时候,就应该想一想,题目有没有变简单,剩下的那些部分是不是比原题容易证明,经过思考之后再开始动笔答题。由于最近的题目都是偏向于想法而非计算,所以对于一些每次考试都会用到大量草稿纸的人(大量的意思是,用得比考试发下的草稿纸多),我认为应该先思考再动笔,否则就是浪费时间。解决一道题目,真的需要那么多计算吗?还是自己思考的方向不对呢?在一般的考试中也是这样的,联赛中没有那些需要长时间思考的题目,如果你陷入了长时间的思考,那就一定要问问自己,思考的方向对吗?题目中的条件,是否和自己的想法相同呢?在此我提醒大家,如果做一道题的时间过长,可以先自我放松一下,研究下题目的条件,或者先换一道题目思考。这样从紧张的思考中解脱出来后,说不定会有意外的收获。考试中要把握好节奏,在完成一道题目或者是卡住时要让自己脱离做题的环境,比如看看窗外,或者是申请去一次洗手间等。在考试中,一定不要去想别人会考得怎么样,或者自己拿了多少分,还差几道题就能拿奖。思考分数只会让自己陷入紧张的情绪,并不利于答题。专注于题目,把握好题与题之间的休息,就能发挥自己的水平。

3. 绝不轻言放弃

在学习和生活中,永远要清楚自己最擅长什么。高二联赛后,我没能进入数学冬令营,我觉得那个时候的自己应该是比较迷茫的,不知道接下去该干什么。那时我就觉得不想再多学数学竞赛了,想做点别的事情。期间我也想过出国上大学,所以也念了托福以及去美国参加 HMMT。那年的集训队旁听我也没有去,而是留在学校里参加了科技节。那段时间里我思考了很多,自己是出国读书还是在国内,大学到底会学什么专业,自己竞赛怎么提高等。对我来说那段时间的调整是很重要的,我尝试了很多其他的选择,也由此了解了自己在其他方面的水平。有了实践和思考,我认定大学会在国内读,也坚定了竞赛之路。我分析了自己前几次的联赛,发现问题总出在"一试",特别是解析几何,所以暑假里就做了很多一试试题。事后想想这样的思考有些晚了,要是在那次失败之前能够对自己和试题进行分析也许会取得更好的结果。其实日常生活也和比赛一样,遇到困难不要一味地蛮干,多停下来思考一下,想一想有没有别的选择。高中竞赛与初中不同,往往会花费大量时间,需要放弃很多其他的东西,所以也要考虑好自己是否真正适合竞赛。而当选择了竞赛之后,又要继续思考自己需要什么,哪里有缺陷,哪里又足以完成考试。所以要永远看清自己,作出对的选择。

掌握方法和提升能力

1. 几何

在高中数学竞赛中,几何题往往作为第一题出现。正因为这个特殊的位置,几何题的完成与否往往对于一整场考试起着决定性的作用。高一参加高中联赛时,我很"顺利"地完成了几何题,随即完成了数论和我并不擅长的代数题,也幸运地拿到当年的一等奖。由此可见几何的重要性。然而对于几何方面的理解绝非一天或者一年就可以建立的,需要我们长

写给那些热爱数学的同学

期的练习,以此来积累对于各种基本图形的认识。因此像我一样不擅长几何的同学并不用担心,到了一定的时间几何功底会自然而然地体现出来。我身边有很多同学非常热衷于使用几何画板,在我看来,几何画板是研究几何很好的工具。但是在练习时,我非常不推荐使用。原因有二。其一,使用几何画板会降低作图能力;其二,几何画板会降低观察能力。几何画板近乎完美的拖动、轨迹功能,会轻而易举地让图中某些隐藏的性质显现出来。我没有使用过几何画板,但却画得一手好图,也能看出一些如相似、中点的性质。可以说绘制出一个精确的图可以稍许抵掉我对几何构型认识的不足。在学习几何方面,我推荐《近代欧氏几何学》。这本书对于几何的各种图形都有介绍,还使用了多值有向角。唯一遗憾的是这本书有些章节有些偏难,水平至少是集训队考试题难度。

2. 数论

近几年的数论题都在向"巧"方面靠近,少了很多需要一一验证或是有大量计算的题,更多出现了构造,也就是有些向组合靠近的数论题。现今的数论题,可以先多尝试一些方法,多花时间思考而并非是计算。那些大的定理、结论用在数论题上已经很少,而且很可能吃力不讨好。

3. 代数

由于分析法的普遍应用,现在纯不等式已经很少出现,多是些组合不等式,或是带些构造的不等式。现在更多的不等式是求给定条件下式子的最大/小值,所以一个好的估计,或者是构造,能够让我们更快获得答案。而取到极值时,各项基本都是在边界或是相等(可能有些项是上界,有些是下界),当然不排除特殊情况。不等式不像其他项目,可以用灵机一动的构造取代,它的证明是烦琐的(这里要排除极其巧妙的放缩),需要长时间的积累才能对不等式有所了解,可以知道什么题目应该用什么样的方法。解不等式的能力绝对是可以通过练习来提高的。对于水平较高,有志冲击CMO甚至CMO金牌的同学,我建议你们了解一些高等数学的知识。在自己做题之余了解一些新知识是有利无弊的。而对于代数的另一部分,函数方程,它在高中数学联赛中基本不会出现。但是在更高级的比赛当中(如集训队、IMO),函数方程经常出现。函数方程没有通用的解法,只能根据题目条件的不同来解决,因而一直成为各项比赛中的难点。

4. 组合

组合应该说是高中数学竞赛中最奇妙、最独特的一块了。组合题一般都不需要什么预备知识,很多组合题的解答小学生都能看得懂。然而就是这样简单的答案,却成了区分准高手与高手的分水岭。对于很多求值(带有 n)的组合题,是很容易得出 n 是小数值时题目的答案,而如果这些答案接近某些著名的数列,我们就可以试图找出原题与著名数列或是常见数列中的对应关系,从而解题。在自己不能很快发现题目答案时,可以先建立起递推关系。这样可以获得一条解题的途径,而且即使最终没能算出答案,也会获得部分得分。如果知道答案但没有好的对应方法去证明,也可以列出递推式然后用数学归纳法证明(这里面会涉及复杂的组合数计算)。还有一种方法叫做"母函数",就是将条件变成一个特定函数,然后求其中特定项的系数或系数和。比如在 5 个球中取 3 个的方法,就等同于求 $(x+1)^5$ 中 x^3 的系数。在较复杂的题中往往要通过代入单位根来解决。想要猜到考试时出的组合题基本是不可能的,所以在面对一道全新的组合题时不要往自己以前做过的题上思考,而要多尝试几种思路。

学习经验总结

语文的阅读题、诗词鉴赏题很多时候有答题的"套路"。先答什么后答什么，要答哪些内容，也要通过平时的训练、周测、考试，不断积累起做题经验来。作文的审题立意、谋篇布局上的"套路"，也是如此。规范的答题，会给阅卷老师一个好印象——书写认真→学习认真→成绩优良→得分高。0.5mm中性笔答题、作图，两道横线划去错误，不能使用涂改液，不能超出方框……这些都是必须要注意的地方。

姓　　名：李一龙
录取院系：信息科学技术学院
毕业中学：山东省泰安第一中学
获奖情况：2010年全国青少年信息学奥林匹克联赛省级赛区二等奖
　　　　　2011年全国青少年信息学奥林匹克联赛省级赛区一等奖
　　　　　2012年全国高中数学联赛二等奖
　　　　　山东省"优秀学生干部"

希望我在平时学习、竞赛过程中的一些经验，能对大家有所帮助。

◆ 心态上，学习要摆正心态，心理要足够坚强

毛主席曾经说过："战略上要藐视敌人，战术上要重视敌人。"对待高考，也应如此。战略上，也就是学习心态上，我们要"藐视"高考，摆正心态，不要被高考本身吓倒；战术上，也就是学习方法上，我们要"重视"高考，充分改进自己的方法，提高自己的效率。这样，我们才能在考场上"百战不殆"。

1. 高考没有什么可怕的

高考是一场模式化的、标准化的考试。高考的难度是相对固定的,无论是哪一年、哪一科、哪一省的试卷,其易、中、难题目的比例大部分为5∶3∶2。"容易题"也就是所谓的"基础题""送分题",考查的主要是同学们对基础知识的掌握;"中档题"在"容易题"的要求之上,侧重考查解题方法,习惯于在知识的交汇点处出题;"难题"也就是比较新、比较困难的题,着重考查同学们的思维能力以及综合运用知识的能力,在试卷里起到"拔高压轴"的作用。

就以 2012 年山东高考数学为例吧,简单统计就可以看出,简单题占了 76 分,中档题占了 46 分,难题占到 28 分。换句话说,即使你所有的"难题"都不会做,只要做好简单题和中档题,就是 122 分,这是一个相当可观的成绩了。750 分的高考,你拿到 80% 的简单题和中档题的成绩,就是 600 分!

高考,并没有我们想象中那么"可怕"、那么"难"。

2. 必须要有信心

对于面临高考的我们,必须要有这样两点信心:一点是"自信"——相信自己;一点是"他信"——相信老师。

我们必须要相信自己的水平,给自己正确定位。不能盲目自卑,减少跟其他同学的盲目攀比,多作"纵向比较",多同自己的过去对比,多找自己的进步,自信自然而然就会增强。当然,也不能盲目自大,不能过分高估自己的水平,从而导致浮躁等一系列现象。

除了相信自己之外,更重要的一点是相信任课老师、相信班主任。许多时候我们会感觉作业太多,或者是任课老师检查太严。但是老师所做的一切,归根结底还是为了我们。因为老师要求太苛刻、作业太多就放弃学校的学习、复习进度,转而自搞一套,这是绝对不可取的。

3. 必须要有目标

日本有个马拉松运动员叫山田本一,在他马拉松比赛夺冠以后,有人问他:"你是怎么顺利跑下全程来的?"他说:"每次比赛之前,我都要乘车把比赛的线路仔细地看一遍,并把沿途比较醒目的标志画下来,比如第一个标志是银行;第二个标志是一棵大树;第三个标志是一座红房子……这样一直画到赛程的终点。比赛开始后,我就奋力地向第一个目标冲去,等到达第一个目标后,我又以同样的速度向第二个目标冲去……"可想而知,如果他把目标定在40多千米外的终点线上,结果跑到十几千米时就会疲惫不堪,就会被前面那段遥远的路程吓倒。

善于分解目标,有助于我们更好、更快地实现目标。就高中生来说,我们的目标大致就是远、中、近三期——远期目标,就是大学理想乃至人生理想;中期目标,是考试的状况,比如期末考试、一模、二模,等等;近期目标,就是现在的学习、复习内容,或者是亟待弥补的弱项,比如解析几何大题、物理的磁场大题、化学实验操作,等等。

目标一旦成型,关键就要看落实状况。一要忌拖延症,把目标当摆设,迟迟不去按目标的要求行动,这样目标自然失去了督促你学习、督促你进步的作用;二要忌好高骛远,给自己定了太不实际的目标,这样,目标达不到不说,自己的信心还会受挫。

4. 必须摆正心态

摆正心态,最重要的,还是克服"急躁"和"浮躁"的情绪。

一不能急躁。有些同学性子比较"急",不够淡定——表现在学习上,就是学习缺少计划性,考前"刷夜",考后又回到了平时的状态,难于善始善终;心理上缺乏稳定性,难以接受成绩的波动。急躁情绪的解决,重在平时,我们要多培养自己"淡定"的心态,学习上多坚持,自然就会克服以上的问题。

二不能浮躁。复习阶段更是如此。很多时候我们都会有"学习学不进去""不想做题""觉得自己掌握得不错了"的感觉——这就是浮躁。一旦克服了这种情绪,学习的效率就会有质的提升。因此,平时学习就要全身心投入,绝对不能有什么懈怠放松。

此外,我们也必须要提高抗干扰的能力,不断提高自己的心理素质。

5. 必须张弛有度

适当的压力是前进的动力,但是一旦压力过大,就会成为学习、生活中的阻力。在平时的学习中,要给自己适当的压力,不能太过轻松。但是,也绝对不能走极端。疲劳了就要适当休息,如果一味加压,搞"疲劳战""压力战",这样不单心理上吃不消,久而久之身体上也受不了。

高中学习,要养成良好习惯,掌握各科通法

各科的学习并不是各不相干的,各科之间都有一个"通法",各科的学习都要有某些共同的"习惯"。掌握了这些"通法",养成了这些"习惯",将有助于我们事半功倍地考取高分。

1. 要有完整的知识网络

对于高中学习的各科来说,一个完整、系统的知识网络是至关重要的。也就是说,课标中标明、课本上提及、课堂上讲到的基础知识必须要系统、扎实地掌握。这样,我们才能真正知道自己在这一章、这一册书都学过什么,考场上我们就会知道某道题目考查的是哪方面的知识点,需要的是什么方法,才不至于无从下手。

要建立起自己的"知识网络",首先要扎实掌握各科的基础知识。比如做好基础知识的填空梳理;做题的时候勤于联想,多想想"这个题都考查了什么知识点";平时勤复习笔记上的提纲。在每一章节、每一册课本的学习结束之后,拿出一张白纸,列出几个表格,写写各章节的基础知识、基本问题、基本方法、基本题型;写写自己哪里容易出错、哪里需要多加留意。久而久之,知识的脉络就会在我们的头脑中清晰起来。

2. 要掌握各科的学科方法

所谓对"能力"的考查，很大部分就是对学科方法、思想的考查。这也就要求我们在学习中必须不断形成某些"意识"，比如数学当中的"分类讨论""数形结合""换元""方程思想"等，都是我们必须要牢牢掌握的。

3. 要提高做题的熟练程度

同学们一定深有体会，看了课本不等于看懂课本，看懂课本不等于会做习题。学习水平的检验，最终是通过高考的方式完成。这就要求我们平时多做题，提高做题的熟练程度。单纯"理解"而不加练习，所学到、所复习到的知识绝对不会深刻，也绝不会形成长期性的记忆。当然，做题要讲究方法。大量做而不求甚解的"题海"战术收效甚微，甚至会给你带来严重的反作用。因此，做完题以后必须要有一个纠错、反思、重做的过程。不会的题，看了答案以后，多想想"为什么不会"；做错的题，看了答案以后，多想想"是哪里出了问题"。这样做题，才是真正有效率的。

各科有异，要因科制宜，突破学科难关

各科除了一些"通法"以外，在学习中还有各自的特点。只有因科制宜，不断探索好的学习方法，发掘各科的学习规律，才能真正突破学科难关。

1. 语文

语文，重在积累。

一是积累知识。基础知识题中的字音、字形、成语，文言文中重点的实词、虚词，文学常识，必背文言文……这些都属于要积累的知识。我们不但要多背发的材料，多背课文，也要多做题巩固。通过做题，我们可以很清楚地找到许多"高频考点"——这些也正是你需要特别关注的地方。

二是积累答题套路。语文的大阅读题、诗词鉴赏题很多时候有答题的"套路"。先答什么后答什么，要答哪些内容，也要通过平时的训练、周测、考试，不断积累起做题经验来。作文的审题立意、谋篇布局上的"套路",也是如此。

三是积累作文素材。多使用些没被写滥的新素材、新人物、新事迹,定会让阅卷老师眼前一亮。

2. 数学

高考数学都考查什么?无非就是三点:一是审题是否到位,二是思维是否严密,三是计算是否正确。审题上,就要去"逐字逐句"地看,在关键的条件底下画横杠,直到抓住所有的关键点。要审出条件中所包含的隐含条件,结论所表示的数学意义,图形的具体特点,等式(不等式)结构的操作方法,具体的细节,等等。思维上,我们必须要建立起某些"定式",快速地将题目内容与解题方法联系起来,也就是所谓的"类题类法,通题通法"。当然,具体问题也要具体分析,切忌盲目、教条地套题型。同时,高考还考查你思维的严密性——比如分类讨论,等等。计算,这应该是很多同学头疼的地方,一是容易算错,二是算得太慢。怎么办?就是做题,多做题。多给自己限时训练——比如15分钟完成一个解析几何大题,10分钟完成一个解析几何大题……同时,养成"一遍算对"的习惯,不要老是依赖于检查、改错,这样的话会受益无穷。

3. 外语

首先,单词是整个英语学习"大厦"的砖块,没有高中英语的单词量作为基础,之后的各类"方法"都是空中楼阁。

听力上,就是"坚持听",只要每天用15分钟坚持做一套高考听力模拟,考试时自然就能有一个很好的状态,不会"耳生"。

语法类题目要掌握好"定式",也就是各个语法点常见的、常用的用法,熟练以后就可以减少错误。

完形填空不能一味做快,这里我推荐大家考试时读上三遍——第一遍,通读全文,掌握大意,不要做题;第二遍,开始做题,不会的题单独画出;第三遍,检查刚才做的题目中有没有什么错误,同时把不会的题解决掉。

阅读理解、阅读表达加起来整整占到55分,得分容易,失分也容易。做外语阅读,最重要的是"原文意识"的培养。阅读时多动笔,多在题目上做标记,带着题目回原文,带着原文做题目,这样的话正确率会大大提升。

作文,一是要练好字,平时周测、考试就要注意书写;二是对程度不太好的同学,可以背一些"模板"一类的东西,可能会对自己有所帮助。

总之,英语没有定法,适合自己的就是最好的。

4. 物理

物理学科的综合性强,学习、复习上都要全面细致。多看看常见的物理模型,比如圆弧轨道、传送带、木板物块……不管是大题还是小题,一般离不开这几个常见的模型。小的知识点,比如物理学史、实验的知识(实验器材的操作方法),还有一些占分不多的小结论都可能是学习过程中的盲点,必须要补上。

做题时要认真规范。首先,算数不能出什么问题;其次,多看看参考答案的模式。这样的话,即使你算错数了,扣的也只是那个答案的分数。

5. 化学、生物

化学、生物一直被称为是"理科中的文科",这两科背的东西多,知识点比较零碎,"基础"对于化学、生物的学习就更加重要。

对于化学来说,要夯实基础,重视基础知识、基础概念、基础实验——重要的内容烂熟于心;同时通过做题,不断增长见识,积累多种多样的"化学情景"(比如防倒吸装置、气密性的检查等);最后也要注意规范——化学用语要规范,语言表达要规范,实验表述要规范。抓好这些"规范性"的内容,就需要我们平时认真阅读教材,仔细核对考试答案,做到规范上零失分。

生物的复习,关键是回归课本,回归笔记本。课本上记述的大量知识是我们几乎从来没注意到的,这就是知识上的"盲区",不可不补;笔记本上也记录了大量的补充知识,其中很多都是高考考查的重点。每天抽出一部分时间背生物,自然就会有很大的进步。同时,复习还要有侧重点,新陈代谢、动物生命活动的调节、遗传定律这几个方面,应该说是重点中的重点,必须要多加注意。

考场上,要掌握应试技巧,实现出色发挥

考试七分靠水平,三分靠发挥。知识掌握得再牢固,缺乏应试技巧,照样也会出问题。

首先,答题要力求规范。规范的答题,会给阅卷老师一个好印象——书写认真→学习认真→成绩优良→得分高。0.5mm中性笔答题、作图,两道横线划去错误,不能使用涂改液,不能超出方框……这些都是必须要注意的地方。同时,该写的内容就要写全。高考是按步给分,"会而不对""对而不全""全而不规范"的问题要力求避免。做题的时候,尤其是理科,必须要充分利用好草稿纸,草稿纸也要像卷子一样写得整齐,这样,做题时心中更有条理,检查时更容易发现错误。

其次,要合理安排时间。考试的题目难度安排大体还是由易到难的,因此大体上还是要按照题号顺序做题,切忌乱来。同时,做题的时候要注意"以退为进",注意好考试策略。选择题、填空题一旦被卡住,就很有可能会浪费很多的时间,这时候千万不要硬做某一道题,在某一个题上花5分钟、10分钟甚至更多的时间。当然,许多计算题也是如此,某一问不会做就先跳过去,之后的问题先用前边的结论。时间不够的时候,能写多少是多少,多写可能会多得分,不写或者是写了划了写的话是不会有分的。考试时间如何安排,还需要我们更多地从平时的周测、考试中去思考,去探索。

给参加学科竞赛同学的一些建议

1. 要明确自己参赛的动机,培养学科爱好

对于想学习学科竞赛的同学,最好不要单纯将竞赛看作是升学、保送

的工具,抱着把竞赛仅当成升学捷径、想一步登天的动机来学。如果真心想要学好竞赛,必须要有对该学科较强的爱好以支持自己的竞赛学习,在学习过程中逐步"培养与学科之间的感情"。比如,数学竞赛生并不只是面对着冰冷的数字、图形,他们能在繁杂的公式定理中找到艺术美感所在;信息学竞赛生并不只是埋头于屏幕上苍白的代码,他们能够在算法的优化中寻得乐趣。只有真正喜爱这一学科的同学,才能在三年的竞赛学习中坚持不懈,最终取得成功。

2. 要磨炼意志,坚持不懈,能吃苦,能做题

虽然说竞赛并非如同高考一样模式化,但大量的习题训练仍然是竞赛学习的重要环节。不做题,自然掌握不了大量定理、方法的应用,自然不会让你在竞赛方面有太多提高。而且,学竞赛是一个漫长,甚至可以说有些艰苦的过程。大量的自习时间被竞赛课占据;大量的练习题、模拟题需要完成,在高三上学期后半部分,学科竞赛还要进行停课集训,高考复习势必会受到影响……在这种情况下,许多意志不甚坚定的同学就很可能放弃。只有真正坚持下来,认真按照老师要求训练的同学,才会在竞赛中取得较为优异的成绩。

3. 要正确处理学科竞赛和文化课学习之间的关系

学科竞赛并非同文化课学习"势不两立",竞赛的学习一定程度上与高考有着密切的联系。数学竞赛"一试"所考查的内容与高考完全吻合,难度上是高考难题的水平,长期的"一试"练习自然有助于高考中难题的解答;物理竞赛中大量运用的微元法、极限法等工具,给高考题目的解答提供了良好的工具……然而我们也要看到,为了准备竞赛,老师会要求同学们停课集训,这样一来,学习时间必然会有牺牲,其他的一些科目(尤其是需要长时间积累的科目,如语文、英语)等势必会受到影响。这就要求同学们根据自身情况适当进行取舍,切不可摇摆不定,既耽误了竞赛准备,又影响了文化课学习。

4. 要有较强的自觉性、自学能力

竞赛不同于平时老师"手把手"的教学,更多的时候需要自己看书、自己做题、自己领悟。这就要求竞赛生自主学习,根据自己的情况,取长补短;也要求竞赛生能够自觉学习,做到老师在与不在一个样,讲与不讲一个样,切不可因为老师不监督便偷懒怠工。

脚踏实地开启人生新篇章

高三对每一个人来说,都有着不同的意味,但是它一定是沉甸甸的。一旦选择了这条路,我们必须接受这条路上的一切挫折。无论你是还在打击中沉沦,或是在挫折面前屈服,请你记住,挫折是笔财富。

姓　　名:李 各
录取院系:信息科学技术学院
毕业中学:宁夏银川一中
获奖情况:全国中学生物理竞赛三等奖

在8月的午后,手中捧着北大的录取通知书,似乎还可望见数个月前的硝烟弥漫。我感到一丝侥幸,亦有一丝坦然,目光不由得投向高中三年中的点点滴滴。

有人说:"高三不拼搏,高中白活。"此话有一定的道理,但我认为,高中是以三年的时光织就的画卷。若是没有高一的懵懂,高二的决心,高三的奋发,高中这一段人生经历又怎会无怨无悔?在学习方面,我亦坚信,脚踏实地地完成每一门课程的学习,积累三年的所有能量最终在高考中爆发,才是获取好结果的正道。

所以,当你还在整日发呆无所事事时,请拿出你空白了许久的练习册;当你仍在游戏世界中沉迷时,请回忆自己昔日的诺言;当你在与异性交往的暧昧中流连时,请认真思考,自己的青春该何去何从。不要将高三再努力作为借口,因为,你并没有奋起的资本。或许你有着过人的天赋,经过一年的补救,能在高考中取得好的成绩,但请你扪心自问,你这三年的人生旅程收获了什么？难道为人求学之道，就应该如此吗？

让"勤"成为一种态度

我并没有独到的学习方法，我所坚持的，只有"勤"。从我步入高中以来，从未旷课，哪怕是体育课、艺术课，也从未迟到，不论风霜雨雪。我想，当"勤"成为一种态度时，不论是在求学之路上，抑或是人生之路上，我们都会越走越远。

高一之时，身边有许多人对于桌游狂热不已，总是利用所有空余时间去娱乐，甚至逃避一些老师布置的弹性作业。而我一直执着地完成所有，以等同的热情投入每一门课程。虽然我的闲暇时间大大减少了，但我绝不后悔，高一时的努力为高三的总复习打下坚实的基础，使我有能力同时准备高考和竞赛。高一的我们，尚未脱去初中时的稚气，没有形成独立的思想，很容易在纷繁的课程中迷失。此时，老师是最好的引导者。我们应当认真听好每一堂课，高质量完成所有任务，这样才能尽快适应快节奏的学习生活，为日后的成功奠基。

高二经历了文理分科的选择后，大家都对自己的未来有了一定规划。此时我们不得不作出选择——选择一门竞赛，并谋求竞赛与高考间的平衡。犹记得和物理竞赛拼命的日子，无论是严冬还是酷暑，甚至在我去北大参加优秀中学生体验营的时候，手边总是放着程书力电。其实，任何能抓住机遇的人，必须要有敢于选择的魄力以及甘于寂寞的心。所以，在高二时应有一些自己的想法，自己的决心，不要被别人所干预。敢于选择，并为之拼搏，那些看似不可能的事，或许最终会实现。

高三与前两年相比，最大的变化就是紧张中夹杂着刺激。每天有大量的复习任务，与此同时会不时有种种机会掠过。不论如何，我想首要便是坚定自己高二的选择，千万不可在种种因素下动摇自己的决心。如果你选择了某一门竞赛，请一定要坚持下去，不要在身边同学为高考拼命的气势下改变方向。至于全身心投入高考的同学,或许你会在某某获一等奖,某某获得保送资格的消息中感到失落与惆然,此时你要坚信,经过扎实的复习,在高考中你一定会拥有优势。一定要留心自己感兴趣的高校的自主招生信息,可以经常向班主任打听。

复习策略

对于复习策略,我认为还是要回归基础。对此,我建议依据课本,仔细分析课本中每一条概念,尤其注意限定条件。这一点,在生物学科中十分重要。有一段时间我的综合成绩总会在生物上丢许多分,直到后来我意识到了回归课本的重要性。在生物课本中,有许多经典的图解,如孟德尔豌豆杂交实验的遗传图解、种群能量流动图以及生态学曲线等,很多高考题正是以此为模板的。

至于理化生的实验,更是不可脱离课本。对于经典实验,如牛顿第二定律验证、中和滴定、光合作用等,建议抓住晨读时光,一遍遍地记忆理解。更重要的是,书上的课后习题一定要认真研究。开始我忽略了这点,只以学校配发的总复习练习册为题库。但是,现在的各种练习册重复度很高,很难发现精品创新题、发散题。直到后来在看课本的过程中,我竟发现课本上的题不仅几乎包括了所有相关的题型,有些更是从全新的角度设问,令人耳目一新。总之,课本一定不可抛弃,最好能过两遍。第一遍在一轮复习中细过,第二遍在高考前一个月过。

数学这门学科,我认为题海战术是最好的提升方法。而这时,在高一高二一直紧抓积累的同学,在数学方面的优势会显现出来。许多同学在数学学科的瓶颈,就是无法提升选择填空的准确率,而这正是由于前两年的功夫没有到位。在这时候,就要在大量的题中查漏补缺,并注意总结易错点,如且或非逻辑关系、不等式取等条件、分类讨论是否不重不漏以及各种题型的使用条件等。

语文和英语,平时的练习很重要,在写作方面尤其如此。对于语文作文,最好每周都有一篇练笔。在练笔中,尽量运用多种写作技巧。另外,写完之后要多次修改,思考合理的谋篇布局。在高三,一定要多多关注新闻联播,以备素材之需。历年的"感动中国人物",更是很好的素材,大家可以整理一下每个人物的颁奖词。英语写作,想必大家都知道运用不同句式的重要性。在平时练习中,可以注意强调句、定语从句、状语从句的运用。另外,独立主格、非谓语动词以及连词恰到好处的使用,一定可以使你的文章增色不少。不过,有些同学认为,在英语作文中所用的从句越多,语法越复杂,越容易获得高分。其实,这样反而会使文章变得生硬许多。最好的方法是一句长,紧接着一句短,再加一个从句,一个简单句。同时力求避免相同的句式运用,可用非谓语动词代替从句。这样就可以使文章错落有致,读起来有节奏感。

还有一种方式在我们学校大为盛行,大家可以参考。刚一进入高三,我们班就被分为数个学习小组。每个小组由5~7个人组成,自由制订复习方案以利用课前课后的时间。小组成员可以搜集一些经典的题目,每天一道,作为成员们当天的任务,第二天大家再集中讨论解决。若是在学习的同时看到一些易被忽视的问题,也可以提出自己的见解。这种方式,可以让零星的时间不被浪费,也会有一定收获。

心路成长

不得不提一下心态的问题,尤其是面对挫折的时候。每位考生的高三之路,必定掺杂着血与泪。仍然记得,在成绩与打击的交错中,我走完了高三之路。当时一直在准备物理竞赛,耽误了复习进程。后来又一步步地,向着保送迈进。11月获得保送资格后,一直为了12月的保送生考试而准备。那段时间,我的成绩在不断下滑,看到小测的分数,也只好在失意中继续前行。那年冬天,格外寒冷。同学的不解与嘲讽,老师的质问,也只好埋没在历年保送试题中。偏又赶上身体虚弱,常常感冒,每当华灯初上,总是感到分外孤寂。从北京回来后,我的月考成绩直滑至年级第51名。保送成绩出来后,终于不负所望,父母劝我放弃高考,去调养身体。但是,一个人生来便不是被打败的。我重新踏上高考之路,成绩亦跟着上升。虽然高考并未得到一个光彩耀人的成绩,但这是我努力的结果,这是我高三的真实写照。虽有遗憾,并无后悔。

高三对每一个人来说,都有着不同的意味,但是它一定是沉甸甸的。一旦选择了这条路,我们必须接受这条路上的一切挫折。无论你是还在打击中沉沦,或是在挫折面前屈服,请你记住,挫折是笔财富。在凛冽的寒风中,我们明白了一种叫作责任的东西,我们获得了一种叫自强的品质,最为重要的是,我们终于成长。从客观上讲,每次考试的失利,是知识网络薄弱环节的最好反映。在一次次的总结中,我们的实力也在不断提升。然而若这些错误出现在高考中,后果岂非不堪设想?冷静理智地面对这些成绩,永不言弃。根据我的经历,我坚信,有过怎样的付出,必有怎样的回报。

在繁重的学习压力与个人爱好之间,总会出现激烈的矛盾。高三虽苦,却并不意味着放弃自己的爱好。当无法承受压力时,不妨去田径场狂奔一圈,或是去酣畅淋漓地踢一场球。我认识很多优秀的人,他们都善于在体育运动中释放压力。至于其他的爱好,也一定能起到相同的作用。我通常会在每周抽出一个晚上,去做自己喜欢的事。这样可以在枯燥乏味的高三生活中寻求调剂,以更好的精神面貌去进行下一周的学习。只需谨记,在合适的时间做合适的事。

以上仅为在下拙见,如能对诸位有用,我深感荣幸。不过,千里之行始于足下,不论是多么巧妙的方法,总要一步步实践,才能使之绽放光彩。以大家的毅力聪慧,我相信你们定能乘风破浪,书写自己的辉煌!

竞赛生涯的浮光掠影

实际上贴吧是个很好的平台,在这里可以找到志同道合的学友和能够提供学校经验的学长。在借鉴前人的经验下结合自己的情况,找到一条适合自己的竞赛之路是最合适不过的了。

姓　　名：曾思杰
录取院系：物理学院
毕业中学：重庆南开中学
获奖情况：第28届全国中学生物理竞赛省级赛区二等奖
　　　　　第29届全国中学生物理竞赛省级赛区一等奖
　　　　　第29届全国中学生物理竞赛三等奖

1. 选择科目

学物理竞赛是个很偶然的事情。

刚上高一的第二天的晚自习,物理老师号召我们报名参加第27届物理竞赛预赛。在初中的时候也听说过竞赛,抱着试试看的态度就参加了。可能是暑假预习过一些高中物理知识,也可能是那届预赛题出了名的难度低,我凑巧考了高一组第三名。这对于刚进高手如云的南开中学的我来说,可是个不小的鼓舞。于是在10月份的竞赛科目选择中,我自然而然地选了物理。

2. 贴吧

学物理竞赛的人大多数都知道"物理竞赛吧"这个交流平台,同学们可以在这里讨论有关物理竞赛的题目、书籍等问题。运气好还能看见某届国家队"大神"出现,引起旁人的一阵骚动。我接触贴吧较早,大概是高一下半学期。在这里,我阅读了"可怕的黎曼"学长那篇物理竞赛界有名的回忆录《写在竞赛保送取消后》,我深深地被学长们为了目标不畏艰难、勇往直前的精神所打动。觉得自己也应该有所作为,至少要证明一下自己的潜力才是。于是我按照贴吧上学长们提供的"刷"书顺序,在竞赛教练的学习体系之外又做了一套自己的计划,自己的实力也随之逐步上升。

实际上贴吧是个很好的平台(一般而言五大学科竞赛的贴吧管理都相对较好),在这里可以找到志同道合的学友和能够提供学校经验的学长。在借鉴前人的经验下结合自己的情况,找到一条适合自己的竞赛之路是最合适不过的了。有不懂的题目也可以在这里发帖提问,一般来说如果提问有礼貌的话,是会有"大牛"或者学长耐心解答的。在互帮互助中,竞赛水平应该会有所提高。

3. 竞赛 or 高考

高二复赛的失利对我打击还是挺大的。一个暑假全心投入竞赛,原本预想至少应该拿到省级赛区一等奖,结果只拿到个二等奖,而且还没有进入实验复赛,失望是可想而知的。彷徨怀疑了很久,到底是全心竞赛奋力考入省队呢;还是兼顾高考,少投入竞赛的时间,争取拿个一等奖;或者是完全放弃竞赛,全心高考?犹豫再三,最后还是选择了竞赛。毕竟竞赛只需要再准备一年,竞赛失败了还有一年的时间准备高考,只要努力,希望总是会有的。

选择竞赛,就有了坚定的目标。每天要想有固定的大量刷题时间,就需要牺牲其他科目,高考成绩也因此有所退步。不过只要目标在,也就再没彷徨犹豫过了。

一般来说"竞赛人"在高二上学期应该严肃考虑下这个问题。毕竟有方向比无方向要有效率些,做事不会蹑手蹑脚,到头来也不会后悔自己的选择。应该仔细思考一下自己的志向究竟在哪里,自己是否愿意全力竞赛争取获得省队资格(新政策下省队同学有很大几率取得北大清华至少降60分的优惠),并愿意承担相应的风险。当时我的想法是省队没进有"省一",有"省一"就有保送生考试,没有"省一"也可以争取自主招生考试,最后再努力博高考。如果志在北大清华,复读一年也未尝不可,毕竟我还年轻。事实上当时"南开四人组"中没进省队的两人,一人高考北大,一人去了人大。失败并不是多么可怕的事情,怕的是你没有勇气去做可能会导致失败的事情。当然,也可以选择主攻高考,付出适当时间去争取一个省一等奖;或者是放弃竞赛,选择提前准备自主招生等。

作决定是一件比较困难的事情,其中的彷徨犹豫是每个人都会遇到的。老师和家长的话可能是对你好,但是并不一定是出自你的本意。做自己想做的事情,而且问心无愧,就够了,没有必要让师长去替你作决定。比如我的父母并不太赞成我花太多时间在竞赛上,他们认为风险太大。不过我在权衡利弊后还是选择了坚持,其中的酸甜苦辣综合起来,也可以算得上是一个不大不小的励志故事。我这样说并不是提倡大家与父母唱反调,而是强调,关乎自己命运前途的决定,最好还是自己来作。一时的酸甜苦辣,跟自己的前程相比,实际上算不了什么的。

4. 热爱物理

如果说选择物理竞赛是机缘巧合,那么喜欢物理就是"潜移默化"了。在学习竞赛的过程中,我渐渐地被物理的"普适美"所打动。从卡文迪许的扭矩实验,到托马斯杨的双缝干涉,无不感受到精巧的实验构思;从牛顿的原理三部曲,到麦克斯韦四个方程奠定电磁场理论,无不闪耀着普适的哲学之美。我被物理所深深打动,并希望能够为物理学的发展贡献自己的一份力量。自然而然地,物理的魅力帮助我在学习竞赛的过程中更加积极更加主动,使学习更加有效率有干劲了。

在浓厚的兴趣下学习竞赛是件很快乐的事情。有些同学,或者因为升学所迫,或者因为随大流,甚至一时兴起而参加竞赛(显然我开始时也是属于一时兴起的那种……)。起初的兴趣或许并没有多浓烈,但这并没有什么,志趣是否在物理学科中总会随着学习的深入而有所体会。可能以前你并不太了解这个学科,但随着竞赛学习的深入,也许你会被这个学科的特殊魅力所打动,真正喜欢上这个学科。子曰:"知之者不如乐之者,乐之者不如好之者。"有兴趣的情况下学习竞赛,效果显然比苦学好许多。

5. 考前

复赛前夜是骚动不安的。我们一行四人躺在南开操场的草坪上仰望星空,唱着我们这个年代耳熟能详的励志歌曲,心想着多少年后的今天,会不会还记得有这个晚上,会不会为自己年少时的固执而后悔。

可能很多年后,我们四个人会记不住当年复赛的题目,但是这个有星星的晚上,应该记忆犹新。

竞赛到底给了我们什么?可能在我们多年以后,回首往事的时候,会觉得竞赛的经历相对于大学或社会来说根本算不了什么。不过现在的我仅是刚刚踏进北大校门,对未来只是耳闻而未亲身体会,面对两年的竞赛生涯还是有无尽的感触与回味。

拥有一颗冠军的心

人应该挑选属于自己的道路,并把它做到最好,而不是随波逐流。每个人都可能喜欢很多东西,但我们并不是神,不可能把每件事都做到极致,该舍弃的时候,就要勇敢地抛下一些。

姓　　名:韩欣天
录取院系:元培学院
毕业中学:浙江省杭州第二中学
获奖情况:2012年全国高中学生化学竞赛省级赛区一等奖

每个人生来都是胜者。一些人被父母老师们的训斥击垮,用垮掉的心态继续承受同样的压力,一败涂地;也有一部分人承受不住同伴的压力,被莫须有的恐惧吓倒,一跌不起。没有什么人注定会失败,心态决定成败。我们需拥有一颗冠军的心。

心态可以从小培养。小学六年,我过得马马虎虎,没什么特别突出的表现。初中我进入所谓的竞争压力颇大的民办初中。不过正是在这样的环境下,造就了我良好的心态。高中大大小小的事,考试、竞选或者别的什么,真真切切地让我觉得心态决定一个人的成败。进入高中的第一个学期我仍然保持着初中的那股锐气,期中期末也都考进了年级前十。

调整心态,追赶梦想

盲目的自信不一定是好心态。我是一个有着雄心壮志的人,我喜欢体会"不一样",喜欢创新、挑战、冒险。曾认为一个人可以不设极限。高一时我通过四门竞赛的选拔测试,并选择参加了其中三门;连续报了五个社团,都想大展身手;还参加了学生会干事的选举,想有所突破。但也许盲目的尝试只能换来无效。当数学竞赛选拔遭到淘汰,干事选举失利,社团活动因时间冲突根本无暇全部顾及之时,我开始抉择。人应该挑选属于自己的道路,并把它做到最好,而不是随波逐流。每个人都可能喜欢很多东西,但我们并不是神,不可能把每件事都做到极致,该舍弃的时候,就要勇敢地抛下一些。

一路顺风时更要调整心态。高中前半段的路要顺利一些,我认真准备并入选了年级学生分会;高一时参加化学省竞赛,考到了杭州市前十;高二的配音大赛,在我的组织下,我们班取得了全校第一。随后,我被选为班长。或许是因为这段路走得太顺,我很快就有点飘飘然。我又开始过度地相信自己,又以为自己无所不能。我开始不完成老师的作业,学习上逐渐地懈怠,仅凭着自己的竞赛背景,应付了期中考。但很快高二下的全市统测就给了我沉重的打击,我的年级排名首次出了一百名。"满招损,谦受益"这句古话说得真好,我的自负瞬间将我从天堂拖向了地狱。最大的敌人还是自己。

于是我开始疯狂地学习。高三前的那个暑假,我每天待在图书馆里努力学习,从早上八点半开馆一直待到晚上八点半闭馆。这是我最为疯狂的一个暑假,我第一次没有去影院看电影,精彩的奥运会来临时,我也没有沉溺其中。

开学初的化学竞赛,我发挥出色,决定冲刺省队。比赛结果虽然与预期落差较大,结果却是幸运地压线获得一等奖,得以有资格参加保送生考试。准备保送生考试过程中,我又坚定地选择停课。停课的过程是枯燥的,但因为我有明确的目标、坚定的信念,我扛了过来,最终在北京大学保送生考试中取得浙江省第一名的成绩。

总的来说,正是及时调整心态帮助我渡过难关,实现梦想。

学习心得总结

要说学习心得,首先信念真的很重要。想上北大的信念,支撑着我整个暑假在图书馆里刷题,伴随着我备战化学竞赛,陪伴着我熬过压力巨大的停课时期。前方的路曾经有很多选择,譬如浙大启真班,或者不用笔试的复旦大学,看起来都比停课之后疯狂备战的保送考试要轻松得多,但最终我坚持了下来,是自己的胜者。曾有个同学每天睡前喊"我要上北大",最后真的进入了这所他梦想的学府。信念可以帮助一个人渡过很多似乎不能承受的难关。明确自己的目标,为之努力,一切皆有可能。

其次,在考试面前要有良好的心态。"一颗平常心,一切都顺心。""凡事都要看得穿。"当然良好的心态也要有扎实的功底做基础。能从容面对保送生考试,也是因为考前认真准备了每门考试科目,并根据以往的考试题型出了模拟卷进行练习。成功没有捷径,无论是竞赛,还是保送生考试,甚至是平时的学习,不要以为考得好的人比自己聪明,只是因为他们比自己做了更充分的准备。而准备充分,必然会迎来良好的心态,我们都应笑着走进考场,因为我们已经准备好了。

此外,平时学习生活中我是一个非常喜欢问问题的人。答疑室常常有我的身影。"人非圣贤,孰能无惑,惑而不从师,其为惑也,终不解矣。"我十分喜欢提问,也常常和老师唱"反调"。也许曾经提过很多幼稚的问题,但点滴积累,帮助我在各方面查漏补缺,收获颇多。

另外的一些学习细节,如参考用书,我比较喜欢坚持做完一本。"今天做这本,明天做那本"的方法,一方面,容易造成知识漏洞,不成体系;另一方面,坚持做完一本书,也能帮助自己养成良好的心态,吃透了一本书,还会有什么问题呢?

再比如学习过程中遇到难解的问题,我会先尝试用自己的方法解决,再问别人。碰到不曾掌握的知识点和对自己有帮助的方法,我会单独摘抄在笔记本上,不时温习。

对于很多人关注的"纠错本"问题,我初中就没有用"纠错本"。因为中考压力不算太大,考前也不用特别的复习。但高中,面对大量的优秀同学和更大的压力,考前复习是很关键的。我是从高三才开始用"纠错本"的,虽然时间不长,感觉收获还是颇大的。有了"纠错本"以后,考前不用漫无目地地复习。对于"纠错本"怎么用,我只能谈谈自己的看法。我觉得"纠错本"上面最重要的是方法,尤其是理科。数学,记录一些解题的技巧;物理,记录些模型;化学,多写几个方程式,实验装置整理;生物,记一些自己容易遗忘的细节知识;英语,主要是单选、好词好句;语文,则是基础的各块知识整理。

对于课堂笔记问题,没有必要把老师上课讲的全部记下来,而且有些老师讲得很快,记笔记的同时很有可能会错过精彩的内容。当然如果真的有重要的内容,可以稍微记一笔,下课可以去周围同学那边扫一眼,总会有那么几个记得。不过我推荐先自己思考下老师的思路,再去问同学,或者咨询老师,这样有助于自己对知识的掌握。说到咨询老师,和老师经常联系有助于自己能力的提高。平时有问题可以多问问老师,和老师的交流更有助于纠正自己概念上的错误。就个人经历而言,我特别喜欢跑答疑室,可能来来回回会降低自修的效率,但和老师的交流,以及在答疑室里听听其他同学的问题都有助于自己的提高。

论竞赛

谈谈自己对竞赛的看法。竞赛是锻炼自己综合能力的高强度训练。有些人学竞赛是真正爱这门学科,喜欢这门学科,愿意为科学奉献一生;也有一些人喜欢竞赛的感觉,喜欢找到一个目标为之奋斗三年;还有一些是为了保送加分自主招生。

不论是抱着何种目的参加,竞赛首先很能考验一个人的意志力。在别的同学休息、放松的时候,我们竞赛生还要在实验室里苦攻高深尖的知识;在别的同学完成自己的学业,巩固复习加强基础知识之时,竞赛生可能连作业都做不完却还要继续苦攻竞赛,听起来都有些惨烈。所以一个人的意志力就在此逐步磨炼起来,只有坚持到最后的人,才能成为竞赛中的王者。当然不得不强调的是,真正喜欢一门竞赛的人,在竞赛的道路上是不会感到疲惫的。

竞赛也能锻炼一个人的自学能力。虽然可能有个别老师教学能力超群,能帮助学生一下子拔高很多,但大部分竞赛同学都是靠自学成才的。比如我学的化学竞赛,都是要自学大学里的教材课本的,更有能力强的同学的自学深度已经达到研究生的水平了。当然,大部分竞赛拿奖同学都是靠刷题刷出来的。如果你纯粹对这门课感兴趣,厌恶刷题,不是那么看重奖项的话,自己多看看书也是可以的。不过题目是对知识的巩固,没有题目,知识很难掌握。解题也是一种乐趣,也有助于你挖掘新的知识。

此外,竞赛也能培养一个人的团队合作能力,我们学校的竞赛就是分组团队合作的。小组内部进行知识的讨论学习,小组之间还进行竞赛。小组的成员可以互相帮助,每个星期组织一次讨论,轮流由组员讲解一个模块的知识,共同进步。有问题可以一同探讨,团队学习也为原本枯燥的学习增添了乐趣。

引用我们竞赛"教头"张永久老师的"能量定向释放"理论,坚定坚强坚韧不拔,一心一意一往无前,希望每个人都能找到属于自己的领域,定向释放能量!

与化学相遇，与北大结缘

　　"高考党"们很不容易，因为他们需要反复地做题，同一种题要做上千遍直到滚瓜烂熟。然而"竞赛党"们，某种意义上更加辛苦，因为我们不但要一套一套地做模拟题，而且必须像一块海绵，学会在书山中汲取知识。同时在没有老师的帮助下，我们必须学会自学，学会自己把握时间，更要学会约束自己。竞赛这三年，除了向我展示了一个光怪陆离的世界，还教会了我自学的能力和自律的品质。

姓　　名：李岳钊
录取院系：生命科学学院
毕业中学：东北育才学校
获奖情况：2012年全国高中学生化学竞赛省级赛区一等奖

　　我不是"大神"。
　　作为一名竞赛"省一"获得者，我的经历与那些走上领奖台的强者们自然不同。然而有一点总是相同的，那就是曾经的那个竞赛之梦，它在那里，从未改变。与北大有幸结缘的我，愿以此文回顾那过去如歌的岁月，如梦的人生。

与化学相遇

　　"吾问汝，汝为吾之 Master 乎？"
　　说起我的竞赛之路，就要从三年前说起。
　　初三的我，怀着对一个刚刚开始学习的科目的浓厚兴趣，选择了化学，从此我的人生便改变了。在化学竞赛的课堂上，我结识了格林尼亚，结识了吉布斯,结识了格林伍德。我看到了一扇神奇的大门在打开。从此,我毅然决然地走上了探求奥秘的道路。

因为热爱着化学的一切——有机的纷繁、无机的神奇、物化的精巧、分析的严谨,所以这一切在我的眼中都是那么美好。那时的我就已经有了这样一个想法,那就是将其作为我一生的追求,而不只是升学的一个捷径。

然而在化学上,我有一个巨大的障碍——实验。实验并不是我所擅长的项目,我更加习惯于在纸面上写写算算,所以我一直对物化保有好感。然而我又深知化学是实验的学科,没有实验一切都只是纸上谈兵,所以提高实验水平是我的当务之急。

当得知北京大学每年都会举办以实验为主的化学夏令营时,欣喜的我便和竞赛道路上一同奋战的朋友们,坐上了开往北京的火车。

那是高一的暑假。在接触到化学实验之后,我对化学有了全新的认识。化学实验不但让我亲眼目睹了书本上的反应,也让我了解到书本上有一些反应并非真的如此……毕竟,化学是一门实验的科学,一切要从实验出发,实践出真知。同时,通过实验,亲手制备出一些化合物的感觉也是美妙得难以言表的。看着蒸发皿上二苯乙二酮的金黄色针状结晶,感觉为之付出的辛苦也是值得的。

在那些日子里,因为与朋友同行,以化学为友,我的心中是快乐的。每天早起来到实验室,穿上白大褂,戴上护目镜,流一天汗水之后再回到寝室,这是我心目中理想的生活,多么美好。这是我心目中的伊甸园。

回到沈阳,刚刚升入高二的我迎来了化学竞赛的省赛。尽管已经涉猎了一些书籍,也进行了一些练习,然而功夫依然不到家。省二,而且分数很低。失败后,没有无力的辩解。而是重新开始了新的征程。

转眼便是高二。参加化学竞赛课的人越来越少,老师讲课的内容也由基础有机化学变成了物理化学、分析化学。已经高二了,老师说,他能

与化学相遇,与北大结缘

讲的就这么多了,剩下的就要靠我们自己的努力了。

竞赛教给我的

"高考党"们很不容易,因为他们需要反复地做题,同一种题要做上千遍直到滚瓜烂熟。然而"竞赛党"们,某种意义上更加辛苦,因为我们不但要一套一套地做模拟题,而且必须像一块海绵,学会在书山中汲取知识。同时在没有老师的帮助下,我们必须学会自学,学会自己把握时间,更要学会约束自己。竞赛这三年,除了向我展示了一个光怪陆离的世界,还教会了我自学的能力和自律的品质。

竞赛之路说难也难,说易也易。说它难,正如上文所说,兼顾竞赛和高考的我们不得不多读很多书,多做很多题。课余时间和自习时间也许会被竞赛所占用,而作业有时也会因竞赛的关系而不得不放在第二位。两面兼顾的做法确实很累,因此"竞赛党"们在高二就要开始抉择了,究竟是竞赛一条路走到黑还是回到高考的"正轨"。走上了竞赛之路的"竞赛党"们不得不放弃一些作业和科目,去专攻竞赛。当然,选择竞赛绝非意味着彻底不动高考,以我本人为例,在我进入化学竞赛小屋之后,我还能较好地保持课内成绩。我的经验是,提高学习效率,课内的科目适当筛选,即时性比较强的数学和物理要适当下功夫,而英语和语文由于其见效比较慢,可以适当放弃。另外,就是在关键的考试之前一定要复习。

说它易,则是源于我对它的热爱。不可否认,无论怎样安排时间调整学习方法,在选择了竞赛之后,课内成绩必然会出现一定程度的下滑。为此,我也曾犹疑,不知道自己的选择是不是正确的,不知道自己能不能如愿进省队,拿奖牌,甚至担心自己可能会连"省一"都拿不到……然而我坚持了下来。高一时我曾打算放弃,回去备战高考。然而高二我打消了这个念头,因为我发现我是真的热爱竞赛。那时便暗下决心,即使失败了,也绝不后悔。如今偶尔会叹惋自己没有多学几门竞赛,然而我也未曾后悔过选择化学,这正是因为,它的易——因为苦中有乐,化学是我的爱好,在自己的爱好中学习,即使每天十多个小时又怎样?

每天十多个小时的学习,这一切绝非妄言。在最后的几个月,我每天都泡在化学竞赛小屋中,每天"刷"几套题,"刷"累了就看化学书,休息时有时会下楼踢会儿球,毕竟劳逸结合能够提高效率。如今的我怀念那些日子,因为是与朋友们一起奋战,而且是为了自己所爱的事物。行文至此,不禁想到了江南的话:"曾经一无所有的我,富有得像个皇帝。"

高二结束了,在这个暑假我再次踏入了北京,第二次参加了化学夏令营。如果说上一次参加夏令营,只是单纯地为了加深对化学的理解,提高自己的能力,那么这一次,目空一切的我就是将目标放在全国精英济济的决赛上了。

然而人不能好高骛远,这一点我终是深有体会。人一旦浮躁,就会犯错。在冲刺竞赛的最后一个月,我本应该踏踏实实再认真"刷"一遍《基础有机化学》和《无机化学》。在与湖北的金牌"大神"胡亦旻交流时,他说:"其实准备初赛,把这两本书吃透了就好了。"这一点我也认同,如今在与学弟学妹的交流中我也将这一点作为了我的一个忠告。可我自己最终竟没有做到这一点,也万万没有想到,初赛时我因此而弄错了一个知识点,从而失去了最后一道题的几乎所有分数。如今我不禁浮想,如果当初把这两套书认认真真看了一遍,也许我的人生就会彻底地改变……

然而人生不能重来,人生也不容否认。

最后一次竞赛,只拿到了"省一",没有进省队。金牌之梦就此烟消云散。

结束了,一切都结束了。

——真的结束了吗?

与北大结缘

"燕园情,千千结,问少年心事,眼底未名水,胸中黄河月。"

与化学相遇，与北大结缘

高一的暑假，竞赛教练孙老师告诉我们，北大每年都会组织一个以实验为主的化学夏令营。

这是我第一次与北大结缘。

曾经对北京大学只有一个模模糊糊的印象，知道它是全国最好的大学，也对那些伟大先人——蔡老校长、陈老先生——有所耳闻。然而从踏入高中起，我开始知道，北大不单单在人文领域出类拔萃，其自然科学也是当之无愧的领头羊！当我看到全国第一的化学院，全国第一的物理学院，全国第一的生命科学学院……我知道，这是优秀的代名词。从此北大成了我的梦想。我梦想着有一天能够成为一名北大化院的学生，漫步于博雅塔下、未名湖畔，为我所热爱的科学而努力……

当化学——我真挚的热爱与北大——我心底的理想合二为一之时，我没有拒绝的理由。于是2011年和2012年的暑假，我都参加了北京大学全国中学生化学夏令营。

两年暑假的实验培训，我学会了很多东西，也对化学有了更深的了解，同时我开始熟悉北大。由于化院不在本校的校园内，于是，在做完实验的闲暇时间，我便会迈入北大本校，步入篮球场，与前辈们较量一番。看着前辈们飒爽的英姿，我暗下决心，一定要回到这里。

结缘遇挫

2012年9月1日，大连，我辗转难眠。

明天，就是第26届全国高中学生化学竞赛的省赛了。为了这一切，我奋斗了三年。如今是一场决定性的战斗。

然而也许是天命难违，我失眠了，于是第二天喝多了咖啡的我又没有充分发挥出自己的水平。当然这是借口，实际情况是我还不够强。

次日，回到学校后对答案。对完答案的我坐在那里一动不动，我不敢想象这会是怎样的结果，我竟然会错如此简单的题。我的目标是省队，是金牌,是以昂然之姿迈入北京大学,迈入化院。然而那天,我的梦,碎了。

几周煎熬之后,结果揭晓了,至少"省一"是保住了,理论上还有可能去冲击北大——获得考试资格,然后参加保送生考试。然而现实是残酷的,拿到校荐资格和保送生考试都是异常艰难,似乎这只是理论上的可能吧。

几天之后,学校的二模。这一次考试对我来说至关重要,因为它与校荐名额的分配直接挂钩,同时,在我心中它还有另外一个意义——高考。我还能再战吗?我没有否认高考考回北大的可能,我决定试一试。

事实给了我重重的一击,考完试那天的晚上我在宿舍的卫生间待到了十二点半。我不甘心,不甘心就这样失败。我想,这个成绩让我无法回去高考了,我没有曾经的实力与气魄了。没有了,我失败了。同时,这个成绩也许会使我彻底失去参加北大保送生考试的机会。顿时,我感到跌入了谷底。

山重水复疑无路,柳暗花明又一村。

再续前缘

绝望中竟然有奇迹发生。由于我不错的高二下期末成绩,我竟然得到了北京大学的校荐资格。拿到那一串小代码的那天晚上我第一次激动得难以入眠,然而我知道这只是开始,还有上千和我一样在为此努力的人,还有最后的一关——保送生考试……

于是我在笔记上写下了几个字:"奋斗吧,少年!"

在接下来的几个月中,我端坐在 A 班,手握着希望,却又担心这希望会随风而逝。我是幸运的,因为我赶上了"省一"保送的末班车,尽管没有实现曾经的金牌梦,却仍然保留了北大的希望。我是幸运的,尽管只有两个校荐资格,我却凭借期末考试的小爆发拿到了其中的一个。

备战保送生考试的过程是艰辛的。此时已是高三上学期了,参加高

与化学相遇,与北大结缘

考的同学们一个个面色凝重,教室里也一直是沉重得汗流浃背的气氛。我坐在为保送生而设立的 A 班教室中,从早到晚,为了北大而努力。曾经只学化学竞赛并沉醉其中的我不得不转战众多其他科目。每日埋头于导数不等式,奋斗于力学电学,背六级单词同时"怒刷"文言文……

决定命运的 12 月终于到了。北京,我又来了。几个月以前,我曾踏进北京大学化学与分子工程学院的大门,那时的我还怀揣对未来的憧憬;这一次,我踏进了北京大学主校区的校门,这一次命运就把握在自己的手中,只需要再奋力一搏。

雄关漫道真如铁,而今迈步从头越。

怀着紧张的心情踏入考场,老爸在考场外遥遥观望。这么多年来,每逢大考,老爸必陪同,据说这样我都考得不错。此时此刻,我确信他的心情也是无比的紧张,而远在沈阳的妈妈心中也定然是七上八下。为了减轻我的心理压力,父母一直强作轻松。这些,虽未曾明说,然而我懂。

为了我懂和懂我的人,我不能输。

首日的面试我失常了,看着手中纸条上的农业问题——从未涉及过的领域,我手足无措。尽管面对考官的批评我心中很难受,但我还是尽量调整了心情,坚持到最后——尽管离开考场后我的精神几乎崩溃,但还是要感谢考官老师们,事后我知道我得到了一个还不错的分数。三位老师没有因为我开始的失误而对我彻底失望,对此我心存感激。

次日的笔试,没有预想中的那么紧张。一天的考试结束之后,平淡地离开。考试并不是那么顺利,我最不擅长的物理也如我所料考砸了。然而过去的事情就不能后悔,我就这样离开北京,期待着下一次如王者般归来。

然后我很清楚地记住了那一天——1 月 8 日的上午,坐在竞赛小屋的我,正在无所事事地阅读米斯勒的《无机化学》。在这一天,我从老师那里得到了消息,我被北京大学录取了。在得到这个消息之后,我更多的不是狂喜,而是淡然。

没错,淡然,淡淡的喜悦,同时还有淡淡的怅然。从那一天起,我告别了我的高中生涯,一同作别的还有那三年的竞赛岁月。

四天之后,得到了确凿的录取信息,北京大学生命科学学院。没有被最向往的化院录取,自然有一点微微的遗憾,然而人生不就是如此。

曾经我愿为化学致力一生。如今我虽然暂时离开了化学,但还有一门学科叫生物化学。曾经的知识绝不会无用,对化学的那份热爱也不会就这样消散。也许未来并非清晰可见,然而我坚信——

有志者,事竟成。破釜沉舟,百二秦关终属楚。

苦心人,天不负。卧薪尝胆,三千越甲可吞吴。

从化竞的崎岖路走来

不要总梦想着从数十万人中脱颖而出,成为所谓的"大神",这只是个戏称罢了。如果竞赛上不能有什么大的进步,还是建议早早退出。

姓　　名:梁子彧
录取院系:工学院
毕业中学:西北工业大学附属中学
获奖情况:2011 年全国高中学生化学竞赛省级赛区一等奖
　　　　　2012 年全国高中学生化学竞赛省级赛区一等奖、全国二等奖

爱上化学竞赛,这是我自认为高中所做的最刺激的事。开始在竞赛之路上远行,也许是缘于初三那年青春年少的我骨子里的不安分吧。很多人说竞赛是比高考更危险的独木桥。不错,我也深深知道这点,但因为兴趣,因为热爱,我参与了这场比高考更惨烈和悲壮的豪赌。我不是最大的赢家,但从三年有惊无险的竞赛之路走来,我感触真的是一言难尽。

所谓竞赛,在我的字典里,那就是"比赛"的意思。既然是比赛,选手之间必然会有激烈的竞争,其结果必分伯仲。万骨枯后,方有一将成名。然而懂得这些道理的不仅仅是你我,以竞赛为升学大业的同学,都在全力以赴地朝着那渺远的目标挺进。因此,在这勇往直前的队伍中,一定要先懂得这几点。

❥ 永远争当队伍中的领头羊

这本身是一件非常难的事情,但是,不得不如此,因为在所有地区,省

队甚至省级一等奖的名额都是十分有限的。而在关键时刻,任何一点阴差阳错都极有可能置人于死地。每年秋后赛事一毕,痛哭流涕、觉得十年之功废于一旦者不在少数。如果平时就没有扮演引领者的角色,没有立于不败之地,临考之际,但求安全运转,甚至孤注一掷,稍有疏忽,即蒙大败,到头来自叹曰"天命""人品"云云,岂不可笑可惜?

若已确信自己成了领头羊,也坚决不可掉以轻心,要学会居安思危,坚持跑到最后。后面的人很快就会追上来,也许一两周就足够他们完成很惊人的转变,这些人中也不乏大器晚成者。这时要做的,就是尽量拉开距离,使得自己能够脱颖而出。这样,即便是遇到自己最不想看到的状况,也不至于影响大局。

若能做到如此,便是 80% 的成功了。剩下 20%,在于学会应付考试。

采用一种正确应考的方法

应考,并不是指考前那一两个月或者半个学期。应付竞赛的考试应该早在至少一年前就长远地计划到。首先,疯狂地做题是断断不可停的。平常的学习生活中,应该想方设法地在不影响大局的情况下挤出时间复习和做题。比如我在离初赛还剩一学期的时候就如此,甚至省去每天中午的吃饭时间,仅用一个杂粮煎饼充饥。根据我的经验,如果每天不少于五个小时的做题时间,大约一个月便能提高至少十分。其次,注意身体。在尚不到最后关头之时,小恙可有,大病绝不可有;到了最后那三个月,那真的是小疾也不可再犯了。在高强度高压力的条件下,身体状况显然会不如往昔(比如我自感高二一年身体状况就大不如前),因此在平常的吃与穿上,一定要严加小心。平常作息时间应该规律,不推荐熬夜(我就从未熬夜,最晚睡觉时间大约到晚上 12:45),这样,将自己的身体与大脑保持在一个比较疲倦但不至于影响白天学习和思考的程度上。如此一来,每当困意袭来,即将昏昏欲睡之时,心里便会有一个正义的声音出来谴责你的怠惰,理性和意志才得以战胜偷懒。我在省队选拔时严格按照这一套思路去备考,最终得以在很大的心理压力下考出了全省第一名。另外,要有搜集信息的强大能力。考试信息的动态、最新的竞赛习题、最近发现的好书,最好一网打尽。这样才能真正明智地提高自己,学习才更有效率。

如果上面的话都不能起到作用,或者你做不到,这里我还有最后一条建议,那就是:知难而退。不要总梦想着从数十万人中脱颖而出,成为所谓的"大神",这只是个戏称罢了。如果竞赛上不能有什么大的进步,还是建议早早退出。竞赛不像高考,绝大多数人都是不会走过这座独木桥的,而高考,或许会给你另一条道路。不妨先找人谈谈(最好是知心而又有理智的同学。只有知心的同学,平时了解你很多,又懂得竞赛与高考的局势,还占有"旁观者清"之利),如果真无继续走下去的必要,不如趁早结束,重新为自己找一条路。

竞赛是一条豪壮而传奇的路,也是一条危险而崎岖的路。愿后来者居上,愿后继者不息。

高中这三年——两年潇洒，一年宁静

如果选择了竞赛，肯定意味着你的高中前两年要比别人更辛苦，因为你是把别人在最后一年玩命苦读的日子提前到了当下。上帝应该是公平的，他只是把你痛苦的时光提前，快乐的时光整合成集中的大半年延后。总之，学习没有哪一条路是轻松的捷径，抱有侥幸心理是万万不可的。

姓　　名：刘　通
录取院系：化学与分子工程学院
毕业中学：重庆南开中学
获奖情况：全国高中学生化学竞赛二等奖
　　　　　全国高中学生化学竞赛省级赛区一等奖

前言

我在具体的"条条框框"的学习计划上实难谈出新意，但在关于学科竞赛与高考的选择，如何把握学习与生活之间的关系等方面，有一些自己的见解，故渴望拿出来与大家分享。

浅谈竞赛

对于竞赛，即使是"赋闲"了大半年的我，现在想起来仍旧充满了感恩及惘然。

这份感恩，来源于竞赛对我的知遇之恩。没有它我何以发现自己在化学方面的兴趣与天赋，在不断地自学中培养出较强的自学能力？没有它我何以认识这么多志同道合的专家、教授、老师、同学,在同他们的交谈中渐渐地提升自己的专业素质和人文素质?没有它我何以在高中便有幸窥探大学化学以及化学世界最前沿的新奇?可以说,化学竞赛改变了我的后半生,我人生的蓝图与规划将注定与化学休戚相关。我倘若是一个常怀感恩之心的人,此生都不应当忘记竞赛对我的礼遇和提携。

这份惘然,一半来自于后悔,后悔自己没有更早一些认清竞赛学习的重要性。如果我能和周围的伙伴一样,用上一年半,甚至两年的时间,而非仅仅几个月,孤注一掷、破釜沉舟,为冬令营之巅的目标而奋斗,也许我最后的成绩还能更上一层楼。还有一半来自于哀叹,人外有人,天外有天,只有来到竞赛这个世界才知道世间比你聪明、比你优秀的人实在太多了。无论我在我的高中,我的省份怎样,都要做好面对各种不如意的准备。竞赛的日子里要承受更多的打击与挫败,几乎每天都生活在高压力、高竞争的环境中。当然,能同中国最优秀的人才竞争是幸福的,这种幸福同样是竞赛带给我的。

选择竞赛还是选择高考

关于"竞赛还是高考"的抉择,应当越早作出越好。很多同学,尤其是许多女同学在这个命题的抉择中优柔寡断,徘徊了两年,也必然浪费了两年。

慎重地权衡利弊与得失,潇洒决然地作出自己的选择。其实,应当考虑的不外乎是两个方面的问题:一是"千军万马过独木桥"还是"条条大路通罗马"的问题;二是均衡发展与强项发展的问题。第一点显然与自己的能力和信心有关。如果应付高考水平的学习都觉得十分困难,自然是不适合钻研竞赛的。即使是学习能力超强的人如果欠缺放手一搏的勇气,也依然不敢站在这座独木桥上。第二点,对于某些特别偏科的同学来说,竞赛毫无疑问是他们通往名牌大学的重要选择。

敢于舍弃，敢于牺牲。如果选择竞赛，必然意味着对其他科目在一定程度上的放弃，因为即使是高考状元，也不可能同时在竞赛和高考科目中一骑绝尘。既然如此，就应该潇洒地走，大气地丢，大不了从头再来。一年时光，鹿死谁手未可知！人生中需要这样义无反顾地放弃，如同项羽破釜沉舟，韩信背水一战，让自己的目标变得明晰。当然，这之中的舍弃必然有个度，应当以高考科目的重大考试成绩保持稳定为原则，然后尽我所能，加大对竞赛学科的投入，时间、精力、金钱，等等，该花在这上面的，就绝不手软，绝不后悔。如果选择高考，也是同样的道理。

敢于舍弃，敢于牺牲。如果选择了竞赛，肯定意味着你的高中前两年要比别人更辛苦，因为你是把别人在最后一年玩命苦读的日子提前到了当下。你参加体育锻炼、玩电脑、睡懒觉的时间会被无情地占用，尤其当听到、看到你的同学议论这些美事时，寂寞与疲劳感翻涌在心中，会将你折磨得更加心力交瘁、无心恋战。是否耐得住这些比别人早承受两年的苦痛，是否愿意作出这样的牺牲，将决定你所选择的道路。上帝应该是公平的，他只是把你痛苦的时光提前，快乐的时光整合成集中的大半年延后。然而，这样想只是让你在难过的时候有所期待，事实上，上帝也有可能是严酷的，但即使碰到这种情况，也不是一无所获，更不是世界末日。你在竞赛中所打下的坚实基础，用来应付各类考试，各套高考题的压轴题，都是绰绰有余的，其实也为你剩余的冲刺减轻了负担。总之，学习没有哪一条路是轻松的捷径，抱有侥幸心理是万万不可的。

从我下定决心走"化学竞赛"这条路开始，我就从未在实际行动中给自己留下退路。每天的化学课，大部分自习课，每个周末的四分之三的时间，都义无反顾地交给了大学课本；我还以考试成绩为保证，主动向班主任老师申请可以缓交某些科目的作业；所购竞赛课程的书本垒起来，高度与其他科目书本的总合差不多……我所做的这一切，只希望言出必行，待到成绩出来的那天，无论好坏与否，都可以大声说一句"此行无憾"。

父母善于沟通至关重要

我的父母他们是非常善于沟通的人,尤其善于和老师沟通。当面问我问得很少,但他们对我的情况基本上是知根知底的。我觉得这就是一种比较巧妙的同十五六岁孩子一起生活的方式。高中的孩子要么离家住读,要么早出晚归,总之是累得懒得说话。家长想从孩子口中获取信息本身就是费力不讨好的方法,和老师进行定期交流就显得尤为重要。我的父母在这一点上做得非常好,他们可以自豪地说我的老师都是他们的朋友。

当我有意走化学竞赛这条道路时,父母也给予了我很大的支持。他们担心我仅仅是被热情冲昏头脑,于是暗地里结交和询问了很多这个领域的老师,弄清楚这件事情的具体流程,分析我的可行性,然后郑重地告诉我这条路我有可能成功,而后全力支持我买大学书籍,去大学上课,去实验室做实验等。可以说没有他们我不可能这般义无反顾地作出正确的选择。

另外,不少同学抱怨家长老是不给自己一个宽松的学习环境,总要管这管那,对自己的决定强加干预,其实我认为这并非他们的错。我们是晚辈,任何事情我们没理由不主动。只有我们先表现得让他们放心,他们才会觉得我们"靠谱"、省心。而让他们放心的最好方法是主动与他们沟通。"小事说不好,大事不好说"的态度要不得。很多在你想来是微不足道、根本没必要提的故事,也许就满足了父母想要了解你的愿望。这种感觉,换位思考后很容易理解。

课外活动要有而毋多

虽然现在不少高中已经有了类似大学的社团活动,但我觉得高中三年仍然应该坚持以课内学习为主,课外活动为辅。社团活动要么不参加,要么最多只能参加一到两个,太多了毫无疑问会影响到学习。没有参加的同学根本不用惋惜,到了大学,社团活动可以说是家常便饭,而且显然这里的各种社都更大更正规。

人的神经就如同长时间紧绷的弹簧,如果不给它适当的时间缓冲、收缩一下,它必然失去弹力,失去韧性。做自己喜欢做的事无疑就是最舒心、最有效的放松方式。进入高中后,繁重的学业压力让我牺牲了很多消遣的时间,但即便如此,"每周五下午放学后去操场踢两小时球,晚上回家上几小时网"也成为我两年来的"保留项目"。好像只要经过这一晚上的"疗养",一周来的疲惫就可以全部洗脱,第二天开始的我又重新焕发了奋战一周的活力。如果失去了这些东西,我会很长时间都感到痛彻心扉、惘然若失,难以集中精力。这或许就是个人爱好的魔力,时间被压缩没关系,但形式上一定要做到,功课再多也务必要留出时间"过自己的小家家"。

◪ 走我的路让"非我"去哭吧

保持良好的心态真的非常关键。我不知道怎样的心态才算良好,但"心如止水,平静不慌张"肯定是它的要素之一。心里一乱,做什么事都会失了方寸。我只是一个高中生而已,做不到"先忧后乐"的高尚情怀并不丢脸,但我可以从古仁人的"不以物喜,不以己悲"做起。打消你的多愁善感,做一个宠辱不惊的人。无论外部变成了怎样一般欢腾或是狼藉,你都可以无视。

困难、压力等,都是客观存在的。如果某一天,我真的还有气力躺在床上想这些,那肯定是由于我没有百分之百投入到学习中。那么第二天我必须要更加刻苦,更加玩命。人都是这样,忙起来吧,省得自己胡思乱想。让疲劳感占据恐慌感的地盘,同时还能获得充实感,这是一石二鸟的事情。总量都是一样的,干得多就想得少。如果你真是"后一种人",不妨这样试试。

结语

以上所谈,均为我在竞赛保送后的半年内不断总结反思,记录下的一些心路历程。有些想法略失偏颇,但因对自己有过积极作用,便仍然呈现于大家,希望为大家斟酌相关问题时提供借鉴。

一段心路
——我与竞赛,我与实验,我与北大的故事

> 竞赛让我在失意的时候看到希望,在付出之后赢得荣誉,让我得到了自信和认同;竞赛让我学会了在逆境中自己坚强面对,让我明白了没有任何人可以一直帮助你,一切都要靠自己。

姓　　名:范如本
录取院系:化学与分子工程学院
毕业中学:山东省实验中学
获奖情况:2011年、2012年全国高中学生化学竞赛省级赛区一等奖
　　　　　2012年全国高中学生化学竞赛一等奖

还有不到一个月我就要正式步入燕园,开始四年的大学生活。此去经年,不禁感慨,转眼之间我已经要告别实验中学,告别济南,去一座新的城市开始新的四年。回望高中三年竞赛寻梦路,展望北大四年化学程,因此,本文就算是对自己三年的一个总结吧。

▰ 序曲

初三的下半年,是我遭受打击最多的一年。3月份,数学竞赛失利,两年努力化为乌有;5月份,推荐生考试被淘汰,保送成空谈;6月份,中考失利,压择校线进入实验中学。而朋友们大多被推荐去了重点高中,或者中考高分,只有我,成为一个择校生。在这样的情况下,开始了我的三年高中生活。

那时候，我就下定决心，决不让悲剧在高考时重演。

三年一梦

推荐生考试失利之后我就决定高中继续走竞赛这条路。当时我面临着数学还是化学的选择，因为之前数学竞赛对我的打击实在是太大了，所以我选择了化学。

在上高中之前，我借来了高三毕业生的课本以及参考资料，又到书店买了一本大学无机化学教材以及两本竞赛辅导书、一本题典，一到家就开始自学。一个多月，学完了高中的教材和全解，题典挑着做了一半，竞赛辅导书看了"无机"部分和一部分"结构"单元。

高中开学以后，在第一节化学课上，我就对老师说想学化学竞赛。当时我的化学任课老师是化学组组长刘老师，以前一直带竞赛，她随即问了我几个问题，了解了我的情况，给我留了竞赛王老师的电话。一个课间我带着我正在"刷"的《无机化学》去办公室请教刘老师，她通过我的问题觉得我水平不错，鼓励我要好好干，告诉我要出去培训长长见识，并向王老师极力推荐我，也减免了我的化学作业。那时候的我由于入学成绩很差，又是压线的择校生，班主任对我搞竞赛基本不抱什么希望，刘老师在班主任面前为我说了不少好话，为我搞竞赛减免了不少压力。我很感激刘老师，在我最需要认同和鼓励的时候支持我，信任我，帮助我。说来这也是对我影响最大的几位老师之一。

这时，我下定决心走化学竞赛之路。当初一起学数学竞赛的朋友有的去学物理竞赛，有的还留在数学竞赛中，就我一个人脱离了"集体"。我和他们说，等高一拿了省一等奖（以下简称"省一"）有了保送名额，高二杀回数学竞赛去找他们（后来因为种种原因没有实现）。我一直觉得努力学习一年就差不多能得到化学竞赛"省一"，直到10月份竞赛结果出来以后，我们学校14个一等奖中，只有一个是高一的，那个人就是后来对我影响很大的哲哥,而我也认识到高一出成绩的人只是凤毛麟角,但并非不可能。从那时起,我就决定向哲哥看齐。高一寒假前,我要到了哲哥的联系方式,约了个时间见面。见面前我找人恶补了一下哲哥的经历,发现他也是由数学竞赛转入化学竞赛,而且数学竞赛也有成绩,这让我更加崇拜哲哥。由于见面时间比较仓促,所以聊得不多,就是请教了一些粗浅的问题。

寒假,本是冲刺的关键时期,我却因为和"她"之间的事情陷入了无法自拔的状态。当然,最后还是没有什么结果。感情的无奈,使我很长一段时间都陷在单相思的痛苦里。那段时间真的是很黑暗的日子——学业的低谷,陌生的环境,在班内和同学的游离,以及感情的失意,导致了我睡眠不足,白天上课有时候也打瞌睡,学习是一点也静不下心来,终日昏昏沉沉。一句话,浪费精力的不是恋爱而是思念。

我告诉自己需要让自己忙起来,不能再消沉下去了。我强迫自己每天学竞赛、每天看书,把时间排得特别紧。除了吃饭上厕所以外不留下任何空隙,看书直到一看见元素符号就恶心为止。没有感情的牵扯,我一个人反而能全心地投入到学习中,因此进步飞快。但由于专注于学业,平时基本没怎么和同学联络感情,在班里没什么特别近的朋友,跟大家显得较为疏远,现在想来确实有点后悔。

由于起步较早,本届化学竞赛课讲得又慢,所以我高一下学期决定去听高二的竞赛课。高二竞赛教练是李老师,问了我两句以后就让我参加了。第一节课上,还向师哥师姐介绍了我,分组时也把我算了进去。那会儿我的水平其实还不高,《有机化学》一点没看。我给自己定下任务,必须在"五一"节以前结束所有内容,并做相应的习题。那时我的有机课本比我的脸还干净。

于是,每天自习课,还有音体美课,我都在看竞赛书。大课间的时候我最后一个跑着下楼,做完操以后第一个跑着上楼;有时候觉得语文英语那些抄抄写写积累总结的作业又费时又没用，就索性省下来看竞赛书，这让语文老师意见非常大。慢慢的，我与班主任和语文老师的矛盾越来越尖锐。现在想来，真的是追悔莫及，恨自己当时不懂事，恨自己当初的偏执与叛逆，恨自己太过强硬不肯让步。其实，有的话只要说出来，只要能坐下来跟老师讲明白，只要心平气和地交流一下，只要放下所谓的面子，只要稍微用点心，就可以处理得非常融洽，这是我高中最后悔的事。

　　班主任那里也对我意见很大，但是化学老师一直在班主任面前极力维护我，为我说情，所以班主任没有太为难我。但是有一次谈话，班主任对我说："刘老师在我面前经常夸你，表扬你，说你有实力，但是你的入学成绩和期中成绩怎么拿得出手？"我一阵惭愧，无言以对，暗恨自己不争气。我在心里一遍一遍地重复：一定要拿"省一"！

　　让我找到归属和自信的，是高二化学竞赛班。刚进班时我非常紧张和担心，但是师哥师姐们都很照顾我，特别是同组的宙哥，我经常请教他问题，一直到冲刺阶段，我们还一起对模拟题答案，一起讨论。有一次，宙哥问我怎么看书看这么快，我说光看化学不看别的能不快吗，宙哥半开玩笑地说，年轻就是资本啊，我现在好多书要看都没时间了。我感到相比师哥师姐，自己是多么的幸运！"年轻"真的就是资本啊。在师哥师姐们的帮助下，我进步得很快，不知不觉中就爬到了中上游，4月份预赛的时候考了本校区第八。"五一"节前，我成功地完成了任务，此时我已经具备保二争一的实力了，后面要做的就是不断强化。有一次上课，老师提问碳酸为什么是极性分子，我说："碳酸是 C2v 点群，极性分子。"坐在前面的哲哥惊异地回头看了我一眼，随即对我竖起了大拇指。

　　转眼间，就到了黑色的6月，中考高考如期而至。高一高二放假，我和师哥师姐一起去了化学会的培训班。不得不提的一个人是"胖宣"（体型微胖，宣传委员，由此得名）。培训的时候，他坐在我的旁边，那会儿我的水平算是上游的，"胖宣"与哲哥水平差不多，我们算是一个档次，交流起来很有话聊，彼此讨论提高得更是飞快，直到现在，"胖宣"对我一直像大哥对小弟一般关照。每次对同一个问题有争议，我和"胖宣"就赌一瓶可乐，虽然基本上都是我输，但是在争论中我从师哥那里学了很多。那段时间，一天上9小时的课，中午我们一起吃遍了对面小吃街上的店，回来一起在教室聊着乱七八糟不着边际的"男生专属"话题，累了趴一会下午接着上课，真的很难忘。

还记得6月7号中午，和"胖宣"在一家拉面馆里，身边有不少高考的学生（附近有一个考点），听着他们谈论着当年的高考，我心想"要是没能考出来省一等奖，两年后我是不是也会像他们今天一样呢"，越想越不安。

期末之后，暑假就来了，我终于长舒一口气，并不是因为放假了，而是因为没人打扰我学竞赛了。那时，我在班里基本和同学没有什么联络，每天要硬着头皮听那些我根本不感兴趣的课。"只要力量足够强大，你完全可以做你想做的事。"这话对我影响很大。在有的人眼里，竞赛保送只是一块敲门砖，只是提供半年的保送专属假期，只是可以逃避高考。但是，我觉得竞赛的真正意义在于，你可以学习你感兴趣的知识；保送的真正意义，是你可以"做你想做的事"，而不是"不用做不想做的事"。保送不是逃避高考的捷径，而是发展自我的方式——这一直是我的信条。

随后我就和师哥师姐一起去了潍坊培训。难忘的18天，大家都在为了"省一"为了化学而拼搏，没有别的杂念，只是最纯粹的奋斗。我真的很爱那种氛围，那时一起学习的人，现在也是很好的兄弟。因为在那段时间，我一直在做我想做的事，而且周围的人和我一样，具有相同的目标和梦想，在那个集体里，我找到了在班里找不到的位置，找到了自己的归属，看到了自己的未来，这才是属于我的团队。个人与集体需要相互认同，只有这样集体才有凝聚力，个人才有归属感。或许多年以后，那些化学知识都将被忘却，但忘不了那18天挥洒的汗水；忘不了每晚从自习室摸黑穿过小河树林回到宿舍的那条路；忘不了我们包下了一整栋宿舍楼；忘不了我们在宿舍里讲笑话直到深夜；忘不了某师哥用矿泉水瓶表白；忘不了在大厅里铺着凉席一起打牌；忘不了有事没事就拉着我给女生宿舍送水果的师哥；忘不了辉哥的冰糕。忘不了的，是那个不服输的自己；忘不了的，是那段关于青春的回忆；忘不了的，是那为之奋斗的竞赛梦。

回去以后，就是最后的冲刺。那个8月，我每天都在图书馆自习室度过，包括午饭，一个人，一张桌，一杯咖啡，一摞稿纸，一打试题，四五本书。偶尔还能约哲哥一起，请教一些问题。哲哥好像对我抱了很大期望，指导之余还为我扩展了很多知识。我也暗下决心一定要和"胖宣"一起考出来，向哲哥看齐。初二的竞赛梦啊，我将为你哪怕万水千山。

9月如期而至。三年一梦，心念未灭，月冷千山，永夜将尽。十年寒窗，年少轻狂，夕阳西下，明日登场。

夜尽天明

2011年的竞赛正好赶上中秋节三天假期。9月11日，我早早地来到了考场，也就是我们学校，在登攀杯（刻有历届国际比赛获奖者名单的石碑，实验竞赛传承的象征，每个实验竞赛学子的梦）前师哥师姐们聚在一起，不远处是历城二中的同学。我坐在草坪边的石阶上，望着图书馆还有沁园里的树木假山，心里很平静，一点也没有想象中的紧张。抬头仰望，是被建筑物顶端包围的天空，有些许的阴霾，要下雨的样子，但是隐约可见一点阳光。那一刻，时间仿佛是静止的，一切都是那么的平静，天空、草木、楼房，仿佛都在安静地等待着那最后一刻的到来。那种感觉真的非常美妙。现在想来，这或许是我状态最好的一次考试了。

考场上发挥还算是正常，放弃了一道大题，当时觉得基本上无缘"省一"了，但是还是很平和地出了考场，毕竟再怎样都结束了。然后跟大家一起合影，因为那天以后，化竞班就解散了，师兄师姐回到班里准备高考，我到高二新班上课，心中感到很不舍，这个团队是我迄今归属感最强的一个集体。

回到班里以后,我需要补习落下的功课,同时也看了分析化学。

等成绩的时候是最煎熬的,那段时间每天我见到李老师都会问他出成绩没有。"十一"前夕,"胖宣"和哲哥接到准备省队选拔的通知,学校安排他们去实验室做实验。"胖宣"给我打电话问我要不要一起,当时我蛮纠结的。提前训练实验对我明年考省队很有帮助,而且还有两位师哥带着;但是现在竞赛结果没有公布,如果再停一周文化课去练习实验,一旦没得"省一",我这一年压力会非常大。思来想去,我决定去做实验,因为文化课随时可以补,实验却不是什么时候都可以练。随后我给班主任吕老师说明了情况,本来以为要费些力气,没想到吕老师直接答应了,这让我很意外,也很感动,为自己碰到这样一位好老师而庆幸。然后就是竞赛教练李老师那边,我找他说我想跟着练,李老师一开始没有同意,说是高二不允许参加省选,需要经过特批。我一遍又一遍地请求李老师,还找到了我们这级的教练王老师,费了一番周折,最后李老师终于同意我去做实验了。在此,我想告诉大家一句"机会是自己争取到的",属于自己的利益就要自己去争取而不是等它送上门。从李老师的话里,我隐约觉得他应该已经知道成绩了,但是没有公布不好说出来,这让我心里踏实不少,可还是不放心。

随后的一个星期,我就是在实验室里度过的,其中还包括我的 17 岁生日。生日那天,我妈问我"想去哪里撮一顿?"我说"拿'省一'以前不过生日",然后就进屋看实验报告了。由于哲哥有去年的经验,水平远在我和"胖宣"之上,所以老师不在时,就是他领着我们做,基本操作也是他来指导。从"移液"到"称量"到"滴定",哲哥都教得很认真,也很严格,一不小心犯了错哲哥惩罚得也很严厉,不过这倒是让我一直小心翼翼,对我的操作很有帮助。在这里,我想大家也都可以感受到实验的校园文化,学生永远是主导。从学习到生活,都是学生自己安排,不会的问题也是大家一起商量着解决,或者由学长带领完成,这是每一个"实验人"身上的一种习惯。

实验练习完就是"十一"长假,我们都回家学习去了。开学后,成绩还是没有出来。我越发焦躁,每天在教室里上课也惴惴不安。直到有一个周一,上午第三节物理课,老师正在讲电路的时候,有人敲门进来,我一眼就认出了"胖宣"那"伟岸"的身躯,他说:"你们班范如本出来一下。"我心头一震,出去了。在走廊上,"胖子"一下抱住我说:"你小子是个'省一'!咱俩都是!"我们当时差点在走廊里欢呼起来。当时的感觉真的像是做梦一样。于是我再也没有心情回班上物理课了,满校园到处乱走,似乎只有这样才能稍稍平静一下亢奋的心情。随后就是给爸妈打电话,也告诉了班主任。第四节课去校门外的商店买了100根棒棒糖,高兴得中午饭都没吃。下午到了班里给大家发棒棒糖,这种好事是掖不住的。有人大喊:"本哥结婚了!"我也跟着附和起来。晚上回家也收到了很多祝福的短信,一个朋友说:"你提前结束了高中生活"。那天,我上了一通宵的网。那天,是我最难忘的一天——2011年10月17日。

那几天兴奋得不行,而平静以后,就是下一步的学习了。

未名相思

"省选"在公布"省一"名单的两天后举行,但是在这之前,我被告知无论考试成绩如何,今年都不能入选山东省队,当时心里蛮不平衡的。我之前的想法就是第一年先拿"省一",后面的比赛基本没有考虑,所以我也没有再去争取。

"省选"后,我就是本届竞赛的"大哥"了,因为只有我一个"省一"。当第一名真的不容易。之前,我前面有"胖宣"有哲哥有其他比我强的师兄师姐,而我也一直以他们为目标,现在什么事情都要自己安排,学习的节奏也要全靠自己掌控了。而且,跟本届化学竞赛的同学我并不熟悉,因为上一年我都在和上一届一起训练，同时早出成绩也意味着和大家不在同一起跑线上，融入也比较困难。

"胖宣"和哲哥都顺利进入了省队，在山东省队集训那一个月，我一直都按照省队的要求学习，"胖宣"看什么书我就跟着看什么书，一步也不敢落下。最后，他们乘飞机去吉林比赛了，而我却还在原地，心有不甘。"为什么高二就不能进省队？"我在心里为自己不平。明年是多么的遥远啊，我多么想现在就去参加决赛！没有了比赛，我就失去了重心，真的不知道自己该干什么，觉得学了也不能参加今年的比赛，斗志一下泄了下来。

我还是在班里没有找到自己的位置，毕竟与同班同学待的时间太短了。而师哥师姐都高三了，那种目送身边的人一个个渐行渐远，自己却留在原地的感觉真的很无力和无奈。我真希望自己明年也能去上大学。

那段时间虽然很高兴终于拿到了"省一"，而其实一直很迷茫。高一时，没别的想法，就是想着拿了"省一"，拿到保送，并把自己逼到了没有任何退路的地步。现在，面前天地无限宽广，道路由狭窄幽暗一下子变得开阔了起来，面前道路多了，反倒是不知所措了。到底是准备化学竞赛还是回到数学竞赛，到底是冲刺冬令营和后面的比赛还是准备保送生考试，我想了很久。但是，就在我迷茫的时候，我身边的同学都在飞速进步，特别是我拿奖的消息出来以后，而我却还在徘徊不定。

拿了"省一"以后，由于已经没有升学压力，任课老师就不再管我的任何事情了，别说作业，甚至是否上课都无所谓，因为这时，我已经被贴上所谓"保送"的标签。现在想来，那种状态其实很危险，只要稍微把持不住自己，放任自己的懒惰心理，很快就会被别人超越。

随后，山东队满载而归，"胖宣"哲哥都是国一，都签了北大。这给我带来了不小的触动。之前只是想要一个保送名额，对于"北大"感觉就像是比天还远的地方；而现在，我突然发现，原来"北大"这个之前遥远的地方就在前方召唤着我，我只要努力伸出双手，就可以触摸这个梦一般的地方。北大，未名湖，燕园。从此，这个园子就成了我的梦，是北大的梦，让我不再迷茫。

确定要上北大的目标以后，我决定继续走化学竞赛决赛的道路，因为直接签约可以避免保送生考试。

为了学物理化学，必须要懂一些高等数学，我就找数学竞赛的师哥们请教，那会儿认识了冬哥。冬哥晚自习的时候在一间小屋里准备数学决赛，济南市高一高二不允许上晚自习，我为了向东哥请教问题，就和他一起留在学校里面上晚自习。整个走廊都是黑的，只有那间小屋亮着灯，我和冬哥直到高三离校铃声响起才一起离校。冬哥数学决赛回来以后就不去小屋自习了，而我一直坚持留在那里上自习。

就这样，在自习室里，一年很快就过去了，高二暑假的冲刺期也到了。那会儿我已经没有第一年的那种兴奋和紧张，比较平静，中规中矩地学习看书。

8月份，我没有和学校大部队一起去杭州培训，而是一个人去参加了北大化学夏令营，因为和初赛比起来，我更看重这次向北大靠近的机会。北大，化学，两个词在一起所发生的化学反应是很神奇的。这是我第一次有机会和"北大"进行一次个人意义上的"亲密接触"，很开心。在那7天里，我认识了来自全国各地的同学，有些还是冬令营的对手。他们中也有我现在的大学同学，简直就像一场提前了一年的同学聚会。北京的8月份，实验室里密不透风，我们穿着厚厚的实验服戴着护目镜，围着实验台上的加热套，观察着化学反应的情况，尽管很热，但是非常开心。走前，我站在化学楼的门口，心里默默对自己说："这里会是我未来的母校。"

9月份，初赛，轻松过关。

10月份，省队选拔，基本也没有悬念地通过。

期间，我第二次在实验室里过了生日——18岁生日，我打算用两个月后的北大保送来作为这个生日的礼物。

省队名单公布以后,我接到了北大体验营的通知。这让我心里掀起了一点小小的波澜,我意识到,北大在向我招手。此时此刻,我感到自己离北大的距离越来越近,这是我进入燕园最好的机会。

这样,我又一次登上了去北京的火车。又回到了东门外那个小小的化学学院,一切都没有变,但是我变得更强了。这次来,势在必得。然后就是参加笔试和面试了。笔试发挥正常,平静地答完了。面试也还算不错,抽到了一个颇有难度的问题,要求阐述"疏水作用及其本质",答得也不错,只是给面试老师留的印象一般。面试之后,哲哥领着我逛了一圈北大的校园,介绍了他所在院系的情况,然后还为我描绘了一幅大学生活的图景。在未名湖畔,在静园草坪,在百年纪念讲堂前的广场,每一个角落里仿佛都可以找到一种北大的特有气息。燕园,未名,我的梦。只是一个下午,我就知道我已经爱上了这里。

中午"胖宣"请我撮了一顿,下午4点,在化学学院报告厅,大家一起等着裴老师给我们签约,可是得到的答复却是还在和招办协调,让我们先返程然后等短信通知,我们并没有得到一个明确的说法。当时大家对此非常不满,报告厅里气氛很尴尬,我也很生气,想来那会还是太心急了。

到了宾馆,由于没有得到任何答复,比较失落,我无所事事地躺在床上看电视。不知道过了多久,手机响了,当时比较郁闷,也就没看,继续无聊地看着电视。过了一会儿,我才拿起了手机,一看发信人,是一长串数字并不是手机号码的格式,我还以为是什么系统通知一类的。我用拇指轻轻地点开短信,阅读那长长的一段文字:"由于你在本次体验营的突出表现和优异成绩,北大决定无需参考你在冬令营的成绩,直接录取你为北京大学保送生。"我愣了一秒钟,又看了一遍短信。没错,"无需"有那个"无"字。有时候,幸福来得就是这么突然。那种幸福感,语言很难形容。此刻,北大梦圆。

我立刻给爸妈打了电话。即使隔着电话,我也能感受到他们激动的心情。我已经忘记了那会儿都说了什么,只记得当时拼命忍住让自己不要哭出来。

北京归来,就是省队集训。还有一个月就是正式冬令营(决赛)了。虽然已经没有了升学的压力,但是我丝毫不敢放松,因为我需要向北大证明,当初选择我是正确的。所以,我那会儿反倒是铆足了劲学习,和队里一个青岛的队友一起熬夜看书做题。手里题目不多,我们两个就相互给对方出题,然后看对方能得多少分。晚上偶尔也去实验室,坚持每天做一组"滴定",自己还找到了几个不错的实验做,这一个月过得很充实。

12月,山东全队出发去天津参赛。

考前大家为了放松,相互讲笑话,一起在自助餐厅大鱼大肉大吃大喝;有一次一共吃了四盘西瓜,将山东特色的大吃大喝精神发挥到了极致。回到旅馆,稍稍看了看书,就准备休息了。睡前哲哥来了电话,提醒了我几句,包括一些往年队员吃过的亏还有他自己的考试经验,我很感动。

理论、实验,一切正常,波澜不惊。实验考试结束的那天出理论成绩。

化学会刘主任让我们去酒店等着。当时觉得差不多可以拿全省第一,全国前30也差不多,所以心态很轻松,对成绩也有几分期待。但是,出成绩的那晚,"76.5"这三个数字却把我的幻想彻底震碎。我不相信自己只有这么一点分数。查分!每一道都找!但是我把我的答卷和标准答案翻了三遍也没有发现谁少给我一分,不得不说,这次阅卷质量还是很高的。

刘主任把我好好凶了一顿,说我竟然连那个衰变反应方程都写不对,又说我不在意细节,心浮气躁,云云。我坐在床边,除了听着我还能干什么呢?没有成绩什么都是白说。旁边的老师给第一名叮嘱一些签约大学的事情和以后国家集训队的事。此时此刻,我真实地面对了自己内心脆弱的一面,虚荣的一面。我低着头,我残酷地知道,我的竞赛路到此为止了，想到要面对当初签我的北大老师，很惭愧。当时心里很乱，就发了个"说说"，其实那只是我的一种发泄而已。当时发完就退了，后来打开QQ，没想到很多朋友纷纷给我回复，这让我非常感动，谢谢你们在我失意的时候给我安慰与鼓励，虽然我后来才看见。

当初和我一起熬夜刷题的队友考得更差，其实，他比我要拼命得多，这个结果对他不公平。想到这里，感慨两句。

在队里，有的人刷了50多甚至80多本书，有的不超过10本甚至是更少；有的人一年前就为了决赛做准备，有的进队之前都不知道热力学是什么；有的人好几个月熬夜刷题看书，有的上课都听不懂；有的人一个月刷了上百页习题，有的人连发的题都没做完。而最后结果呢？高不了3分。甚至还不如那些人。有些不懂的人说"有些东西决赛根本不考看了也没用"之类的话，我作为一个过来人想说："你才是什么都不懂，你不懂那种对化学的爱。"

有时，我们不得不面对这样的事实，不得不面对命运的嘲弄。然而，这真的是所谓宿命吗？我认为不然。事实上，打败上面这些人的，正是他们自己。不是别人赢了，是自己输了。正因为他们强大，所以除了他们自己没人能战胜他们。我不相信我会输给无欲无求的人，但是，击垮强者的，不正是内心的"欲"和"求"吗？然而，我始终坚信，那些无欲无求走一步看一步的人，是绝不会一直得到命运眷顾的，这样才是最基本的"公平"。那些目标明确的人，早晚会成功；而那些所谓"无欲无求"的人，注定会迷失。也许这次命运没有眷顾那些付出了更多的人；也许这次失意了，下次也失意了，但一定不会一直失意，只要有内心的那一份坚持。也许你付出了更多的努力，却没有比别人收获更多；也许你一直以来都有着远大而明确的目标并一直为之拼搏；也许这次命运捉弄了你，但下次一定会眷顾你，只要你选择正确的道路，并坚持下去。

通过这次失利，我又成长了很多。

最后结果出来了——金牌,全省第二。舒了一口气。虽然不是我最初想要的结果,但也还算比较圆满。12月4日晚,南开大学田家炳音乐厅,我站在领奖台上,习复院士和我握手,并为我戴上了金牌,这块金牌浓缩着我两年来所付出的一切。就这样,我结束了我的竞赛历程。

两年化学竞赛路,81本书,200多套题,8本笔记,两个"省一"证书,一块决赛金牌,一纸北大录取协议。

后保送时代

对于没有经历过最后那一年洗礼的我,对"高三"这个词的感觉和回忆似乎有些苍白。只是作为一个旁观者,目睹了整个过程而已。好多事情都记不清了,但是那个难忘的6月却牢牢印在了我的脑海里。

6月,一个接一个的"最后"。最后一堂语文课;最后一次班会;最后一天在学校;最后一天的11班;最后一次聚在一起。太多的"最后"。留恋。

3年前的6月,我在家里备战着中考,那时高考离我还是那么的遥远;2年前的6月,在化学会的教室里,我和师兄们一起为了"省一"努力,猜测着自己是不是也会踏上高考这座独木桥;1年前的6月,我在自习室里看书,目睹了师哥师姐们的离开,见证了高考的那份悲壮与残酷;今年的6月4日,我作为一名志愿者,在高考考场外高举着"省实验必胜"牌子,以这样的方式感受那擦肩而过的高考。今天以后,我将不再带有保送生的光环,而是和大家一样,都是实验中学走出的学子。

7月,中考招生宣传会,身上的校服,胸前的绶带,标志着我实验学子的身份,这是我最后一次作为"实验人"站在这里了。看着那些学弟学妹,仿佛回到当年,想起当年那个失意的我,那个充满斗志的我。宣传手册上自己的名字后面写着"被保送北京大学",和师哥师姐们一起罗列。看着哲哥、"胖宣"那熟悉的名字,还有之前那些"大神"的名字。还记得当年高一时的保送经验交流会,我在台下仰望着台上的学长,他们来自"清华"、"北大"这仿佛世界上最遥远的地方;今天,我也和他们并列在一起,眼前这份名单,仿佛一部史书,记载了实验竞赛的传承。

也许没有经历过高考是人生的一大憾事,但是,这半年我也经历了很多别人没有的故事,看到了别人无缘见到的风景,收获了别人不曾尝过的果实。每个人都要走出属于自己的路,因此,我可以坚定地说:"我不后悔。"

竞赛带给我的绝不仅仅只是一块奖牌和一纸保送。竞赛让我可以尽情探索我所深爱的化学,并让我有力量去守护自己的信念,让我有力量去追求自己的梦;竞赛让我在失意的时候看到希望,在付出之后赢得荣誉,让我得到了自信和认同;竞赛让我学会了在逆境中自己坚强面对,让我明白了没有任何人可以一直帮助你,一切都要靠自己;更重要的是竞赛中,我收获了自己,那个年少轻狂的我,那个不服输的我,那个永远在追寻着努力着的我,这是一笔无价的财富。

路漫漫其修远兮，吾将上下而求索
——我的竞赛学习经验

希望每个学有余力的同学，先听至少一门竞赛课。因为竞赛课不仅是升入大学的垫脚石，也是我们锻炼思维、训练逻辑、探索真理的敲门砖。无论日后是否走这条道路，这都是对我们知识与技能的极好提升。从看懂，到做对，再到细节，最后到总结提升，是物理竞赛学习需要不断重复也是大有裨益的过程。

姓　　名：刘晏吉
录取院系：光华管理学院
毕业中学：山西大学附属中学
获奖情况：第29届全国中学生物理竞赛省级赛区一等奖

我的母校——山西大学附属中学，是一所以学科竞赛见长的学校。我就是在学长成功的竞赛经历、老师的支持和同学们的鼓舞下选择了这样一条竞赛之路。在两年多的竞赛学习中满是挫折与进步、气馁与坚持。我相信，每一位保送生都会为自己这段不平凡的经历感到自豪。

抉择与热情

学习竞赛要消耗大量的时间，这需要同学们尽早作出选择：需要明确自己是否有能力在课程外深入学习一到两门学科；是否有足够的耐心克服竞赛学习中的困难；是否有足够的勇气与实力沿着竞赛的路走下去；是否有能力承担竞赛的风险。对于每一个竞赛生，作出选择是最困难也是最危险的。时间和精力的分配在高中阶段十分关键，学习方法、效率、效果不同的同学分配也不同。我高一入学后不久,学校开始利用课外活动时间组织竞赛培训班。身兼竞赛教练的理科老师和班主任都希望每个学有余力的同学,先听至少一门竞赛课。因为竞赛课不仅是升入大学的垫脚石,也是我们锻炼思维、训练逻辑、探索真理的敲门砖。无论日后是否走这条道路,这都是对我们知识与技能的极好提升。没有下定决心的同学,在竞赛课刚开始时,也不妨尝试以竞赛的标准要求自己,体验竞赛学习的氛围。

作出选择后,浓厚的兴趣和正确的学习动机,则是克服学习困难的原动力。学习竞赛课程的同学,要有对学科知识浓厚的兴趣和较强的理解能力,才有可能获得成功。优秀的非智力因素很重要:志存高远、好强执着,具有严肃、审慎、认真的特点,能积极持久地开展思维活动,乐于独立地深入钻研等良好的学习习惯是必不可少的。

自学能力

竞赛需要很强的自学能力。高考题、竞赛题及大学普通物理的部分知识,需要自己独立学习、独立思考、独立钻研和总结。这需要我们耐得住寂寞,能独自一人专注、高效率地连续学习。可想而知,自学会花费更多的精力,难免走一些弯路,但自学使我们对问题分析得更透彻,得到的体会更深刻和宝贵。对于物理竞赛学习,我认为应该在能够灵活应对高考的前提下,扩展自己的知识面,先看再做。适当看一些经典的物理竞赛题目,并结合实际情况,粗略涉猎大学普通物理及高等数学中与竞赛联系密切的内容,适应竞赛题目的方法和思路。看题不能粗略地走马观花,要尽量把题目吃透,并善于总结常规题型。一些经典的难题要先看懂,再会做,反复思考,提炼出解题过程的精髓。当看过一定数量的题目,并建立起一个较完整的知识体系之后,就要开始独立地做题了。这时是一个巩固阶段,它极为重要,从看懂到会做,再到做对,中间需要漫长的训练过程。拿到题目有思路是不够的,一个题目能否做到底,能否考虑全面非常重要。规范、有条理、整洁地将解题过程写出来,再与标准答案对比,不断找出自己解题步骤的漏洞,细节决定成败。最后的冲刺阶段,应该按竞赛时间、题量、难度进行模拟考试训练,这样的训练会使自己熟悉考试过程,并及时发现自己的不足。可以用表格形式记录自己模拟测试的结果,使我们对自己的水平有充分公正地了解。这都是我们在自学过程中需要做到的。从看懂,到做对,再到细节,最后到总结提升,是物理竞赛学习需要不断重复也是大有裨益的过程。

总结与反思

竞赛学习需要更多的总结与反思,需要构建知识体系。物理竞赛最大的特点是力学、电磁学、热学、光学、近代物理以及其他领域,它们之间具有同样的接合点与出发点,有着相似的研究方法和理论基础。能够融会贯通是竞赛知识学习的基本要求。知识体系有助于更深刻更迅速地理解物理理论的实质,也极大地方便了解题思路的展开。构建知识体系需要在学习中不断地总结与思考,在各种纷繁冗杂的公式与题型中发现共同点和突破口,没有这样的思考与提炼,埋头做题都只是徒劳。竞赛也需要我们了解自己的真实水平,不同人对知识的理解程度和方法全然不同,因而会有不同的瓶颈,统一培训和普通练习是不足以解决问题的。要经常反思自己的不足之处,才能在自学过程中把握方向,进行针对性练习;有无法理解的知识点要及时与老师同学交流,尤其在刚刚接触大学知识框架、高等数学知识和难度较高的理论方法时,一个小小的理解性的失误、一个"想当然"就可能让我们走很长时间的弯路,从而错过练习和巩固的最佳时机。

持之以恒

学习竞赛需要持之以恒的努力。尽管兴趣与个人特点在竞赛学习中会产生巨大的影响,但也正是因此,竞赛生非常容易急功近利、浮躁贪功、过于自信,不能脚踏实地,持之以恒。竞赛考试是凭实力,而实力来自于勤奋和努力。每个人都是独一无二的树叶,也许有的同学接受竞赛知识更快更高效,有的同学接受起来稍慢甚至较为困难。但没有苦心孤诣惨淡经营的坚持,没有持之以恒孜孜不倦的毅力,谁都无法到达成功的终点站。竞赛的学习没有止境与极限,只有不断挑战自己超越昨天,才能迈出前进的步伐。对大部分同学来说竞赛学习所需要的毅力是超常的,这不仅包含长时间的钻研和求索,更要有面对庞大知识体系,敢于挑战坚持到底的勇气。这段长期在自习室埋头刷题的经历,我相信对每个竞赛生都是一次难得的锻炼,一笔宝贵的财富。

合理的时间安排与及时交流

合理的时间安排对学习竞赛也非常关键。在不同的阶段,要根据自己的学习进度与效果,协调高中课程与竞赛课程的关系。比如准备物理竞赛,高一时,建议大部分同学尽量要以高中课程学习为主,保证自己综合成绩优秀,并为将来的竞赛学习打下扎实的基础。高一时学校安排的各科竞赛辅导都是针对高中课程的,如果学有余力的话建议多听几门,提前学习高中内容,使高二能够轻松应对文化课,进而保证充分的时间准备物理竞赛。如果高一努力学习数学,高二再专攻物理竞赛是一个不错的方案。高二学习任务更繁重,难度加大,但应挤出更多的时间学习物理竞赛。这就需要提高学习效率,合理分配时间。要下定决心,挤掉自己娱乐的时间,并保证充足的睡眠。除物理作业外,各科作业尽量保质、保量完成,并每天根据实际情况,拿出1~2小时学物理。这一阶段,既要保证综合排名不下落,又要保证物理竞赛水平有所提高,是非常紧张的时期。在这个阶段,应基本掌握所有的知识点,为刷题练习做准备。这一阶段坚持下来之后,高二下学期,尤其是竞赛前的3~5个月,有把握的同学可以放弃一些自己认为较容易,可以通过自学不落下的科目,在自习室学习。但作业仍需要选择性地完成,数学、英语的学习要下更大的功夫。一定要参加期中、期末考试,综合排名一定要比较好。这一阶段,如果有较强的自学能力和自制力,学习起来会更自主、更轻松、更专注,效率也会提高;并有大量时间空出来可以学习物理,这是提高自己物理素质的黄金时期,也是增强自己学习能力的最佳时期。在临近考试的冲刺阶段,建议放下模块和题型的针对性训练,抓紧时间专攻往届竞赛的真题。用考试的时间和书写要求来要求自己,尽量适应考试的节奏,尤其要注意对细节的把握,理解题义、分情况讨论、公式化简、作图质量,乃至数字精确度都十分关键,不能马马虎虎、因小失大。

竞赛学习需要及时与老师沟通学习中遇到的问题,更要选择参加学校组织的培训和名师的竞赛培训。对于大多数同学来说,学习中遇到的问题如若不能及时解决,就会造成知识体系的缺口和物理思想的瓶颈,因此要聆听老师的经验与教导,更要多与同学交流,互相鼓励,共同进步。

良好的心态

竞赛学习需要良好的心态。竞赛知识毕竟超出高中应掌握的范围,实际上也超出了同龄人的理解能力,遇到挫折是正常的。竞赛中成绩与实力也许并不成正比,但失误的人一定有自己的原因,比如性格本身就马马虎虎,或者考试时有其他事情分心,或者考场上紧张……这都是应该预料到的,但这绝对不代表没有努力学,而是要做好充分的心理准备。平时就尽量改掉那些不利于竞赛的毛病,考前调整好心态,等等。但是有一点,不能"不撞南墙不回头",我的建议是应该做到就算竞赛失败,也要有实力拼高考,其他的科能不扔就不扔。保送的情况每年都在变,但是有实力的人总会成功。

竞赛学习是我高中三年里最宝贵的经历,我体会了独自刷题的辛苦和孤独,经历了惨痛失败的教训,体味到挑战自我的快乐。面对竞赛学习中的种种挫折,只有一以贯之,坚持不懈才能获得成功。"路漫漫其修远兮,吾将上下而求索",这是我对每个竞赛同学的忠告和建议,但愿踏入竞赛大门的你,能在其中找到追求真理、挥斥方遒的乐趣,走上属于自己的成功之路。

学习经验分享

我认为,补课和培优是两个概念,前者是一种需求,后者是一种意愿。我的兴趣是数学和物理,但同时我也参加语文、英语的补课,原因是我想在这两方面取得好成绩。

姓　　名:陈格非
录取院系:物理学院
毕业中学:华中师范大学第一附属中学
获奖情况:2012 年全国中学生物理竞赛一等奖

通过十二年的学习,我有幸进入北京大学学习。在此期间,我积累了一些经验,现在分享给学弟学妹以供参考。

培优感悟

首先我想说说自己对培优的几点感悟。

第一点,培优激发了我对数学和物理的兴趣。由于学校的数学物理课程比较浅显,而这两门课程本身需要学习者钻研到一定深度才能感受到学科的魅力,所以具有一定难度和挑战性的培优课程才真正让我着迷。听我母亲回忆,在小学三年级时,老师发现我上数学课注意力不集中,原因是课程过于简单。于是她建议我母亲在课外安排数学培优课程,我母亲听从建议让我参加教委举办的课外兴趣班,但还是发现因为课程简单导致我注意力不集中,在母亲慎重地征求了我的意见后,最终选择了另外一处较难的机构,从此我对数学的兴趣大大增强,学习效率也提升不少。

从我的亲身体会来看，适当的培优能提升我对学习的兴趣，当然这得益于母亲在作出决定前征求了我的同意。因此，符合兴趣的培优不仅能增强我们对科目的学习兴趣，也能使我们拥有更多机会，最终帮助我们进入理想的大学。

第二点，补课与负担。我认为，补课和培优是两个概念，前者是一种需求，后者是一种意愿。我的兴趣是数学和物理，但同时我也参加语文、英语的补课，原因是我想在这两方面取得好成绩。换言之，兴趣特长越突出，你对其他学科的关注有可能就越少，补课的负担就越重，而负担本身并非由培优产生而是来自于升学压力。

打好基础，巧取高分

我想说说我学习的"捷径"。

结合我自身的学习经历，特别是高中三年在物理竞赛上的学习情况，我认为，学习最重要的就是基础，好的基础能让学习事半功倍。下面用三点来阐述。

第一点，良好的基础有助于考试的稳定发挥。稳定的发挥不仅能让我们认清自己的实际水平，有针对性地制订学习计划，还有助于建立考试的信心。我通常在测验时发挥得比较稳定，因此得以在高中两年多的学习过程中一步步提升成绩，不断弥补自己的不足。与我相反，我的一位同学考试非常不稳定，因而他的学习计划也十分混乱，在最后的比赛中，他的成绩并不理想，但是在平常的交流中我们都感觉得到，他的水平相当高。学习最基本的一个目的是使用，考试正是帮助学生模拟使用知识的一种方法。考试成绩不稳定，正说明知识运用存在漏洞，严格意义上讲，就是学习不到位。

第二点，良好的基础是取得好成绩的必要条件。基础好，简单题就完成得快，从而有相对充裕的时间攻克难题。同时，基础好简单题正确率也高,成绩自然也不会很差。在此基础上,学生可以较为容易地提升高难度习题的解题水平。正如打地基和盖房子,良好的地基才能构筑坚固美观的房屋。

第三点,良好的基础能有效地减少课业负担,缓解"题海战术"的压力。在高中学习过程中,我虽然也有类似题海战术的经历,但相对于本班的同学,以及同年级乃至其他学校的同学,我做的题算是非常少的。但我做题效率较高,能充分吸收题目的精华,这有助于我夯实自己的基础。同时基础越好,做题也越有效率,这样形成一个有益的循环,使我的学习效率大大提高。

学习和生活

我想对如何处理学习和生活的关系发表一点个人观点。

绝大部分学生的学习压力都很大,有些同学因此将生活的全部注意力都放在学习上,我认为这并不合适。

集中精力为实现目标而努力奋斗的精神固然应该鼓励,但任何事物都有其规律,学习与生活也存在平衡。从某种意义上说,学习是生活的一部分,虽然有时它被看得比其他事务更重要。贸然地侧重于生活的某一个方面,不仅会造成生活其他方面的缺失,而且就该方面而言,也未必会取得更好的效果。

还有一些同学把生活中应该完成的一些任务分成与学习有关和无关的,前者加以重视,后者则忽略。我认为,这是一种目光短浅的做法。首先,不存在完全与学习无关的事情,之所以会被认为无关,是因为其潜在的影响没有被发现。如果对事物的判断只停留于表面即作出决定,就容易发生事倍功半的情况。

此外,对于这种观点:现阶段只要做好"××"就行了,其他的以后可以弥补——我认为这从根本上是错误的。因为生活就是生活,从来没有哪一个时期,生活的一部分可以取代其全部。把人的一生划分成几个阶段,这一部分学习,下一阶段奋斗,这是不符合自然规律的。因为人是不纯粹的,他拥有复杂的思想,人生也是不纯粹的,不能像程序一样可以随意设定。人生所缺失的,不是简简单单就能弥补的,现在忽略的问题,又如何保证在未来能得到关注呢?

以上就是在我前十二年的学习生活中最有感触的地方。全部源自个人经历,观点存在值得商榷的地方。希望大家多多包涵,仅作参考。

走向燕园

竞赛内容多且广,在首次阅读时,就要有不提笔不读书的习惯。在提炼书中主要内容时,要简洁易懂,层次分明。自己使用的各种符号和不同颜色的笔,也可以让思路更加清晰。在一次次的笔记复习中,勾画出最重点和薄弱的内容,从而让自己对笔记更加熟悉,也将书"越读越薄"。

姓　　名:陈玮婕

录取院系:信息科学技术学院

毕业中学:湖北省武汉市第二中学

获奖情况:2011年全国中学生生物学竞赛二等奖

　　　　　2012年全国中学生生物学竞赛一等奖

　　　　　2012年全国中学生英语竞赛高中组一等奖

接到录取通知书,复杂的感情霎时涌上心头。

北京大学,是我懵懂时便挂在嘴边的梦想,是我懂事后曾感到遥不可及的目标,是我寒窗苦读时给予力量的灯塔。从来没有哪一次成功不浸满汗水,从来没有哪一次幸运不承担苦痛。如今,我光荣地踏入这无数人魂牵梦萦的地方,愿此刻与大家共同分享这走向燕园的历程。

学习方法和经验

从高中起,我在兼顾高考科目学习的同时开始参加生物竞赛,而学习的压力也骤然增加。在繁重的学习压力面前,良好的学习方法给了我莫大的帮助。下面是我所想到的一些有益的学习方法和学习经验。

1. 养成整理的习惯

一入校，各科老师便告诉我们，不要指望可以凭借自己的小聪明或者好记性为自己赢得好成绩，高中的学习内容和要求将会比初中更多更高，如果没有整理的习惯，必然会感到力不从心。

对于高考学科，因为学校每科都会配有较为详细的复习资料，上面也都会有知识点的整理和讲解，上课时的笔记便可以相对弱化，而自己的个性化笔记则要加强。在看完知识点、做过例题、完成练习后，自己首先应该总结出薄弱和不清楚的知识点，有疑问的则要立即提问后补充到自己的笔记中，然后将典型错题及自己在错题中提取出的解题经验写入笔记。考试前，复习资料上的知识点总结和自己平时记下的笔记，则应该成为最重要的复习资料。考试后，或者平时自己在做题后，也应该将在练习中总结的经验和典型错题补充到笔记当中，不断完善自己的个性化笔记。

对于竞赛，则有不同方法。竞赛内容多且广，在首次阅读时，就要有不提笔不读书的习惯。在提炼书中主要内容时，要简洁易懂，层次分明。自己使用的各种符号和不同颜色的笔，也可以让思路更加清晰。在一次次的笔记复习中，勾画出最重点和薄弱的内容，从而让自己对笔记更加熟悉，也将书"越读越薄"。再经过适当习题，将会发现竞赛内容不再繁重和复杂。

2. 多思考

在用笔记录的同时，更重要的则是思考过程。例如，面对自己没有做出来的一道题目，在看了答案后，不光要知道如何得出答案，更要思考："为何自己没有想到这个方面？解题者的思考方式是什么？自己薄弱的知识点在哪儿？有没有相关题目的解题普遍方法？"这样的一个思考过程往往让一道题目发挥出最大的效应，并且加深你对知识点的整体理解。这样的思路对于理科解题非常有效。

对于竞赛多而复杂的知识点，思考则更重要。例如在生物竞赛中，常常有许多知识点要求记忆和总结,在复习自己的笔记过程中,要思考各个知识点之间的联系,例如他们的共同点、区分点、某种现象的原理、实验中的各个步骤原因等。在思考清楚之后会发现,记忆和解题变得容易许多。不要给自己留下任何不清的盲点,留得越多,会让你在将来的学习中感到越迷茫。

3. 不要介意重复

许多同学想提升自己的解题速度,于是不断地买习题将自己陷入题海之中。对于高中学习来说,一定量的练习是很有必要的。比如,当你完成一套练习,并已经完全明白了这套题中的知识点,但仍发现有些知识点没有得到练习,那么再做更多的练习是可以的。但是,如果所有的知识点都已经得到练习了,我觉得就不必要再补充过多的习题了,而应该重复。所谓复习,就是回头再来做自己当时不会的练习,再进行一次思考,往往这一遍复习会让你印象非常深刻。在竞赛学习中,因为学习内容的繁重,你也可以多次复习自己整理过的知识点,而不是一味地去做新练习题,这样产生的效果可能比做更多的练习要好。

4. 效率是关键

面对同样的内容,更高的效率是你比别人做得更好的法宝。更高的效率,可以帮助你在别人仅完成一套题目时,便完成了这套题目的总结和归纳;可以帮助你在别人复习昨日内容时就已经预习了明日的内容。长此以往,看似很少的一点点积累,会让你领先他人许多。在提升效率方面,我自己也有一些经验与大家分享。

第一,规定时间和内容。不必有太过详细的安排,只是要在开始学习之前想好今天的计划以及每一个项目大概需要多长时间。有这样的一个计划之后,就一定要按照计划行事。比如遇到普通难题,思考20分钟还是毫无头绪则可以先放在一边,等到有空了再想或者去询问他人。因为一直停留在一个地方不仅浪费许多时间,而且这样毫无头绪的思考过程也并不会给你带来益处。

第二，选择学习内容。当然这需要你对自己的情况非常了解，知道自己可以放弃哪些不必要的练习。如此节省出来的时间便可以留给难度更高的问题，或者留给复习和预习。

第三，抓紧琐碎时间。课下、放学回家后、周末休息等这些没有人约束的时间往往最容易被浪费。抓紧这些琐碎的时间，往往让你感到轻松许多。相对于熬夜学习，这也是更好的方式。

第四，切莫因为抢效率而匆匆忙忙，胡乱地完成内容等同于浪费时间。首先一定要保证自己写出来的东西都是有价值的，而不是为了敷衍了事。自己练习的内容、草稿本上的书写也都应该认真对待。有的同学非常喜欢在课上做作业，虽说这样暂时看起来速度快，但因此错过的知识点和易错点是非常难补全的。所以，在不能确保自己完全有能力掌握一切内容时，不要轻易在课堂上做作业。

浅谈心态

高中所面临的压力是多重的。竞赛，高考，接踵而至的考验一道道地摆在了我们面前。参加竞赛，虽然为我们提供了高考之外另一个选择，但也带给我们更大的压力和挑战。因为竞赛的风险，我们必须同时兼顾自己的高考科目成绩，不能落后于他人。于是，参加竞赛的我们有了更多的学习内容。在相同的时间里，我们要面对更多的考试、更多的练习、更多的课程。所以，如果没有一个良好的心态，如此大的压力只会让你不堪重负。

刚入高中，我进入了学校里的竞赛班。班上全是学校选取的优秀学生，周围同学所带来的压力是巨大的。每一次考试，大家的实力都非常接近，稍不注意名次就会有所滑落，面对如此激烈的竞争，首先就应该给自己一个正确的定位——被选入这样的班级，便是对自己能力的一种肯定，要相信你和周围同学并不会有很大差距。对自己有信心,才会有足够的动力和希望冲入班级顶尖的位置。当然,在为自己鼓舞士气的同时,也应该认识到有的同学必然会在某些方面比你强,要承认差距。不要因为别人比你强而自卑,也不能逃避差距,要有向他人学习、追求自身进步的想法。

进入高中,常常需要不断给自己加油鼓劲。刚进入高中时,我在班上的成绩并不突出,于是无论是哪次考试或者练习的成绩进入了班级前列位置,我都会告诉自己:"你并不比任何人差,只要你努力!"这样的精神暗示给我带来了很大的力量。这并不是要你为自己的每一点成绩骄傲自满,而是让你在漫漫的学习过程中,始终给自己留下一些努力的希望,让你感觉到自己的努力是有成效的。

还有一点非常重要的是要学会看淡结果,注重过程。平时学校里安排的周练、月考,以及竞赛学习里的各种考试、各种测试都会让你应接不暇。在这种情况下,出现一些失误是非常正常的事情。刚入高中时,我对每一次考试的结果都非常在意,这让我自己感觉身心疲惫。后来因为经历了太多次考试,我对成绩也就逐渐麻木了,而这时我反而感觉到了更好的学习状态——因为不会再为考试成绩而无意义的郁闷自卑。在不断考试的过程中,最重要的是在每次考试前认真准备,在考试后认真总结;对于结果,淡然面对就好。当然,在成绩不断滑落时,也一定要充分警惕,不要因为过度看淡结果而错过了发现问题的机会。

以上是一些在平时的学习生活中如何调整自我心态的方法。在面临大型考试前,或者遭遇重大挫折时,调整心态则显得更为重要。尤其对于残酷的竞赛,我的感触颇深。我身边不乏本身实力不弱,但因为心理素质的问题而错失机会的同学。想要排除考前的心理压力,我认为最重要的是给自己列出详尽的复习计划。复习不应只在考试前几天,提前一段时间就应该有详尽的复习计划,并且严格执行。有了这样的复习过程,自信心势必会增长许多。

在学习过程中难免会有许多挫折,例如因为偏重竞赛学习而导致高考学科成绩的下滑,奋斗许久但最终竞赛仍旧失利等。失败在所难免,只有勇敢面对的人,才会是这些挫折面前的成功者。高二时我不仅在生物竞赛省队的选拔考试中落选了,也因为准备竞赛落下了许多功课,并在高三一入学的9月调考中失利。接踵而至的挫折让一直一帆风顺的我感到手足无措,并且开始怀疑自己一直以来的努力和成绩,这也让我在高中期间第一次难过地落下眼泪。家人的安慰、老师的开导、朋友的陪伴让我认识到,眼前的结果并不是最终的结局,我仍有时间去努力,只要我有拼搏的信念。这样的信念一直陪伴着我,走完接下来的奋斗历程。我给自己安排了满满的学习内容,在补习完所有高中遗漏的课程内容后,我开始学习各科较偏竞赛的知识点,为保送生考试做准备。作为生物竞赛的学生,参加保送生考试一开始并不是一条被看好的出路。虽然学校给予了推荐名额,但是生物不被列入考试内容,我们与其他学科竞赛的同学相较毫无优势。在我觉得机会渺茫,快要失去奋斗意志时,家人的鼓励让我明白,只有努力、不为自己留下遗憾才是最重要的,结果如何并不用太在意。当我最终得到北京大学录取通知书的时候,所有的压力负担才烟消云散。我也深刻地感觉到,在这样的艰辛历程中不断地给予自己精神力量上的支持,让自己在困难挫折面前勇往直前有多么重要。这一切也让我相信,只有在最艰难的山峰之上才有最美好的风景。

▰ 兴趣爱好和课外活动

兴趣爱好和课外活动是让生活变得多姿多彩的重要部分,即便是在繁忙的高中,在我看来拥有兴趣爱好仍是必不可少的。我喜爱读书、看电影、听音乐,喜欢记录自己的生活。休息时,我常常给自己规定学习的时间和留给兴趣爱好的时间,例如,每周看一部电影,看几个小时课外书,偶尔在博客微博上写一写最近的生活，等等。有人抱怨根本不会有这样的闲暇时间，其实根本问题不是没有时间，而是没有好好利用自己的时间。在自己安排的学习时间之内，一定要保证不分心、高效率地完成规定任务。如果养成了这样的习惯，会让你拥有许多可以自由支配的时间。

　　有人认为花时间在这些"无用之事"上太过浪费，我却认为这些爱好给我带来许多帮助。广泛阅读让我写作不会空洞无味，同时给我的谈吐、思想等方面所带来的潜移默化的影响更是巨大；音乐是我学习疲惫时的一剂良药，是我失意时的兴奋剂，是我紧张时的舒缓剂；电影则将我带入一个个不同的故事里，在略显单调的生活中帮我添上一抹亮色；写下自己的生活，则让我可以梳理反思自己的生活，同时也有助于释放积压于内心的压力。珍惜时间，善于安排，这是让学习和兴趣平衡的关键。

　　同时，我也想告诉大家，要尽量保持住自己曾经学过的特长。学习是非常不易的，有一门特长不仅仅是让你与众不同的优势，更是学习、生活中的一种调节。我曾经学习过几年电子琴，后来因为学习紧张，课余时间也分给了其他活动，电子琴便被渐渐淡忘。我一直觉得十分可惜，所以后来一有时间我便拿出琴谱温习、练习曲子，在其中我获得了未曾感到过的轻松和愉悦。曾经，学习电子琴时总让我感到压力和逆反，而如今，我却感受到在课余时间可以弹琴是一种换换思维、摆脱烦忧的绝佳方式。

　　以上就是我在过去的学习生活中最切身也最真实的体会。一名合格的学生，品格、学习、心理、生活等诸多方面都应是健全的，优秀的。希望我的这些体会能够给大家一点点启发，能够帮助大家在未来变得更加优秀，最终踏入梦想的学府。

只需转念一想，学习是件乐差事

总可以在五科竞赛中选到你喜欢的。但是，竞赛不是手段不是工具，它不可能成为你的任何跳台。竞赛，是找到你喜欢的知识的地方，是帮你找到兴趣的地方。数学、物理、化学、生物、信息学，每一科都有每一科的魅力所在。

姓　　名：王　然
录取院系：城市与环境学院
毕业中学：辽宁省大连市第二十四中学
获奖情况：2012年全国高中学生化学竞赛省级赛区一等奖

谈及学习，许多同学会因为授课的难度、作业的多少、补习的辛劳、升学的压力而抱怨不已。但是，转念一想，我们为何不能把原本辛劳的事情变得美好呢？为什么不能把"学习是件苦差事"的传统思维像扔垃圾一样扔掉，换成"学习是件乐差事"的思维方式呢？学习的成效，因一念，而差异甚远。

转换思维，变苦为乐

还记得在小学的时候，刚刚拿起笔杆子写出歪歪扭扭的方块字，我们抱怨，这个字怎么那么不好写，为什么怎么写也写不好，愁眉苦脸地面对这一页一页的汉字，有望而却步的感觉。但为什么我们不换一种思维去想它呢？每一个汉字都有它的意思所在，在每一笔落在纸上的时候，我们的脑子里是否应该有对每一个汉字的理解呢？这种理解可以是科学的，也可以是我们自己的想象——把汉字，变成图画。如果使用这种思想，我

只需转念一想,学习是件乐差事

们是不是就不用为了第三笔应该写在什么位置而发愁,不用为了提笔忘字而困惑了呢?其实,学习,也正是这样。

升入初中,我们放弃了小学散漫的学习生活,开始为了升学而奋斗,许多人对学习强加了一顶叫"烦人"的帽子,厌学甚至弃学。在我看来,何必呢。明明初中的学习,是要让同学们逐渐有自己对知识和知识体系框架的认识与理解的,却莫名被误解为仅仅为了考试。倘若我们可以积极乐观地去对待这段时期,那么能够获得的东西将远远不止眼前这一点点。初中的阅览室、实验室在同学们眼中应该是"宝库",要多加利用。我们既可以在如大海般的图书中找到一点喜欢的故事和历史,也可以在变化无穷的科学世界里,领略到真理。知识即为一切真理的寄托——学习知识,为了考试只是肤浅的表面;学习知识,更是为了让我们自己用心去领会更多的真理。你看,只需转念一想,我们就可以从分数线上解放我们紧缩的眉头,在领会世界的同时,我们的学业也会只进不退。

变苦为乐的方法

摆脱了儿童的幼稚,逐渐成熟起来的少男少女们走进了高中校园。个人思想的丰富,使我们有了对世事的主见和对自己的掌控欲,企图并尝试走出家庭,离开父母的束缚,自己去寻找世界。然而在高中的学习中,知识的复杂让许多同学失去信心,感觉沮丧,想要放弃。这又怎能做到"学习是件乐差事"呢。其实,我说,不难。

1. 通过高中的社团

这是一个大家都可以自由参加的,可以按照自己兴趣爱好来选择的大集体。在这个集体里,我们可以忘记一天学习带来的身体上的疲劳,放松心情,尽情地做我们自己喜欢的事情。把握好时间和度,社团活动可以成为我们高中生活的美好回忆。有了社团活动的伴随,学习的时候我们会更加有动力,也会更加有兴趣,最重要的是,我们可以带着社团活动给我们的好心情来学习,效率和成果都会很明显。

2. 选择一门竞赛

总可以在五科竞赛中选到你喜欢的。但是,竞赛不是手段不是工具,它不可能成为你的任何跳台。竞赛,是找到你喜欢的知识的地方,是帮你找到兴趣的地方。数学、物理、化学、生物、信息学,每一科都有每一科的魅力所在。竞赛中的任何一科都是学习新知识的地方,甚至我们在考试中,都可学到以前没见过的知识。仅以我选择的化学为例。

美丽的化学是一科以实验为基础的学科,它离不开实验室。在自习室里从化学书中只能体会到她的不可思议;只有走进实验室,拿起瓶瓶罐罐,混合药剂,使化学反应展现在面前的时候,才会发现化学不仅仅是不可思议,更是一种美。一种异于声乐美术的柔和的美,一种异于体育竞技的狂乱的美。这样的美驱使我去证明它的存在,驱使我用我的眼睛、我的双手在实验室里一探究竟。抱有这种思维方式的学习,哪一分哪一秒值得我们去抱怨呢?

3. 拥有一颗探知未来的心

我们可以用我们的内心,去改变我们的想法,去改变我们的体验。学习高中的九大学科的知识,难道只是为了6月的几天高考?太肤浅,太无趣。那九大学科的书中写满的难道不是我们孜孜以求的知识吗?任何的知识都不想放过——怀着一颗探索获取的心,捧起那些书本,完成那些试题,只要我们想,我们就能得到想要的知识。能在知识的海洋里遨游,这还不是一件美差么?

所以,学习只需转念一想,它便可以欢乐无比。

浅谈竞赛

作为一名竞赛保送生,我很想说说我对学科竞赛的想法。

只需转念一想，学习是件乐差事

高中的学科竞赛，旨在为对某一学科有特殊兴趣爱好的同学，提供一个学习更高层次知识的平台。竞赛让众多有同样学习爱好的同学在一起，激发每一个个体对知识的体会和领悟，从而达到一个更高的知识水平，进而帮助这些学习者有机会成为某门学科的专业人才。我认为，学好竞赛需要注意以下两点。

1. 时间冲突与分配时间的能力

繁重的高中学习生活凸显了合理安排时间的重要性。一旦时间安排得不合理，就很有可能导致学习、竞赛两手空空或者得此失彼，影响继续的学习。那么，如何才能在紧迫的时间中安排竞赛的学习呢？我建议交错时间学习。比如，我对数学的学习比较吃力，所以我把较多的时间分配给数学，但是长时间学习数学会导致我因疲劳影响学习效率，所以我把数学的学习时间一分为二，在其中穿插学习学科竞赛的知识。毕竟学习兴趣较浓的学科时，心情会比较舒畅，思绪也会随之打开。当放松下来之后，再进行第二段数学学习，则又可以集中精神，也会伴着轻松愉快的学习心情，把以前比较难懂的知识点和题目一并搞定，可谓一箭双雕。

2. 学科学习精度与偏科

我们都会选择喜欢的学科参加竞赛，所以，兴趣必然很浓厚。然而，某一学科的突出或是某些学科的不足却有可能造成两种极端的情况——要么把你推向成功的彼岸，要么将你湮没在竞争的浪花中，所以，竞赛不是一项"全民运动"。我们务必把握好竞赛和高中学习的平衡。要使竞赛成为学习生活的推动者，就要把在学科竞赛中的学习方法和解题手段灵活运用在高中学习中。更重要的是，把学习竞赛时候的兴趣慢慢地浸染到其他科目的学习上，让一科带动所有科目。这样，在我们既兼顾了学科竞赛与高中学习，又大大提高了学习质量。

让生活充满欢乐

以上就是我对竞赛学习的总结。在竞赛学习之外,我还想与各位同学讨论讨论课外生活。

我相信,许多同学都会把周末与平日的学习生活在心中画出明显的分界线,认为快乐只存在周末这两天内。在我看来,其实不然。

学习的困难与挫折,我们既不能逃避也逃避不了。躲得过初一,躲不过十五。逃避只会是自己给自己在跑道上挖下的一个个陷阱,等待自己跳进去。保持一个良好的心态,相信学习不是一件苦差事。先进行良好的时间规划,把自己想做的事情安排在学习之后,让学习充满了动力和目标,不达目标不罢休,达到目的后就可以轻轻松松地去娱乐。这种一张一弛的生活方式,是充实又美好的。

发掘自己的几个兴趣,也同样有利于保持好心态。我建议大家学习品茶。品茶,是平静内心、消除浮躁、体会人生的良好方式。当遇到想不出题目而心烦气躁的时候,喝杯茶,静下心来,也许解题的灵感会突然造访。我有过好几次这样的经历,每次解决问题之后都会再次细细地品品茶,那时候,茶香便会把你刚刚学到的知识印刻在脑海里。当然,品茶仅是一种方法,心灵手巧的同学可以选择做做手工;四肢发达的同学可以经常运动;爱好音乐的同学可以来上一段曲子。这些活动都可以提高学习效率,使学习生活更加美好。

最后,祝愿每位学弟学妹都能够找到一条适合自己的快乐学习之路。不要忘记,转念一想,其实学习是件乐差事。

回首竞赛路，寄语同道人

很多人都有一种感觉，第一遍看书的时候如果效果不好，以后无论再看多少遍也会提高不大，因此要注重第一遍看书的质量。看书时要对所学知识进行整理，将各个部分知识连贯起来，总结出适合于自己理解记忆的知识体系，这对于巩固基础是很重要的。

姓　　名：王裕栋
录取院系：化学与分子工程学院
毕业中学：重庆市南开中学
获奖情况：2010 年全国高中学生化学竞赛省级赛区一等奖
　　　　　2011 年全国高中学生化学竞赛省级赛区一等奖
　　　　　2011 年全国高中学生化学竞赛暨冬令营一等奖
　　　　　2012 年全国高中学生化学竞赛省级赛区一等奖
　　　　　2012 年全国高中学生化学竞赛暨冬令营一等奖

我从初三开始接触化学竞赛，回想起这四年竞赛路，充满热血、痛苦、迷惘、欢笑。现在，我即将踏进大学校园，走上一条新的道路。我想，这布满脚印的竞赛路，带给我的不仅仅是一张张竞赛获奖证书和沉甸甸的北京大学录取通知书，更重要的是那些苦涩而甜蜜的回忆，那些竞赛历程中满满的收获，以及关于竞赛学习的种种思考。

回首竞赛路

1. 启蒙——兴趣引我走近化学

人们常说"兴趣是最好的老师"，正是我对化学的兴趣，让我走上了化学竞赛这条路。

小学四年级,因为一次偶然,我与化学结缘,对化学产生了兴趣:我好奇于那些看似平淡的液体,经过简单混合,竟会发生如此神奇的变化。

初三时,因为学有余力加上对化学的兴趣,我参加了化学竞赛培训班。听老师深入浅出、风趣幽默的讲座,亲自动手操作实验,让我切身感受到了化学的神奇,让我爱上了化学、迷上了化学。

对化学的痴迷影响了我的生活。我常常以化学的眼光来看世界:看到眼前的水,我就会想象一个个"米老鼠形"分子在其中碰撞;呼吸时,我仿佛看到了双球形的氮分子和氧分子被我吸入;吃饭时闻到酒香,我似乎感觉到了"鸭子形"的乙醇分子在撞击我的嗅觉感受器。我在生活中还经常不自觉地用到一些化学用语:我的手机通讯录里储存着"钾老师"(化学贾老师)、"硫老师"(语文刘老师)、"硝老师"(数学肖老师)、"锂老师"(英语李老师)的电话;我还曾经在我们班的班级日志上写下与同学们分享的与生活相关的有机化学内容。

2. 备战——积累助我走向成功

进入高中的第一次学业考试,我排到了年级170名,对于初中学习成绩一直优异的我来说,这无异于当头一棒,让我认识到高中学习的不轻松以及竞争的激烈。繁重的学业还让我意识到,竞赛这条路布满荆棘,稍不留神就将"赔了夫人又折兵"。在保证学科成绩的同时,还要保证难度渐高的竞赛课程不能落下。我一度面临两难的选择,而支撑我坚持下去的,已经不只是对化学的痴迷,还有老师们的期待、亲朋好友的鼓励。我积极调整学习态度,改变学习方法,很快适应了高中紧张而繁忙的学习生活。课内,我专心听讲,积极思考,及时巩固,提高效率,有问题尽量在课堂上解决,留出时间学习竞赛知识。课外,我抓紧一切可利用的时间与纸笔做伴,与书山为友,埋头奋战。我放弃了与同学们一起游玩的时间,独自一人查资料,做摘抄,做批注,听讲座,做习题,做实验,请教老师;不断地发现问题,分析问题,解决问题,进而完善知识体系,理清思路,归纳总结,升华提高。我早已不会感到寂寞,因为我知道我不是孤单一人,有许多人在背后支持我。老师们总会耐心地解答我的所有问题,同学们也会和我讨论,父母更是在生活上无微不至地照顾我。

无论寒冬还是酷暑,我都坐在书桌前,阅读各种各样的化学资料,提取书中的精华内容做好笔记,积累知识。我还会做一定量的习题,巩固所学的内容。有时,老师还会为我们请一些大学教授授课,每周还会为我们安排几次实验课。在不断地积累下,我学到的知识越来越多,成绩也在稳步提高。充实的学习生活,帮助我在课内学习和竞赛上取得了双丰收(在高一上学期的期末考试中,我的成绩排到了年级35名,化学竞赛成绩也处于学校前列)。

积累,让我在化学竞赛之路上一步一个脚印,向着目标不断前进。

3. 冲刺——为了梦想走得更远

功夫不负有心人,在2011年的全国中学生化学竞赛(省级赛区)中,我取得了较好的成绩(重庆市第一名)。经过省级选拔赛,我被选为重庆市代表队的一员。在决赛中,我拿到了一等奖,同时获得了北京大学的预录取通知书。在拿到预录取通知书后,我没有丝毫放松自己,因为我还有更高远的梦想要去实现,我不能就此止步。我的高中还有一年多的时间,我还要在竞赛之路上走得更远。

高二下半学期,尽管没有了升学压力,我仍然一边完成高中各科的学习,一边将几乎所有的课余时间投入到化学竞赛中。为了准备2011年的决赛,我把几乎所有能找到的书都看过几遍,把所有的决赛真题都做了一遍,导致我很难找到新的内容来看。刚开始,我把看过的书以及做过的题目又重新温习了一遍,我发现这样做几乎没有提高。看过的内容,总是觉得自己掌握了,但做题时又总是出错;在做以前做过的考试题时,由于对看过的答案有印象,总是想都没想就写出答案,从而达不到做题的训练效果。我曾一度苦于这样下去怎么会有提高？后来，终于找到了解决办法：我把看过的书上理解得不够深刻的部分记录下来，然后找老师帮助我查阅相关书籍和文献，或者自己到大学图书馆借阅相关大学教材，找到相关部分作好记录并认真钻研；我把近十几年的决赛题目按类型整理，然后一个类型一个类型地研究，分析出题意图，猜测出题趋势，有时甚至自己出题来做。就这样，我不断地提高自己，为的就是在化学竞赛之路上能越走越远，达到自己的目标，不辜负老师家长的期望。经过努力，在2012年化学竞赛全国决赛上，我取得了优异成绩。凭借冬令营的优异成绩，我参加了国家队选拔赛。

我不断地前进，在这条宽阔的竞赛之路上奔跑，向着梦想冲刺。

一路的收获

回首这四年竞赛之路，尽管我最终没有成为国家队队员实现为国争光的梦想，但竞赛成绩以外的收获，让我无怨无悔。竞赛对于我最重要的，是这四年在其中学习、考试、不断奋斗的经历。

1. 我从中收获了规划能力

在漫漫竞赛长路上，没有一个明确的规划，就像在一片大雾中行走，过不了多久就会迷失方向。规划是一个又一个的目标积累起来的一条通向梦想的道路。在长达四年的竞赛路中，是规划，让我的每一步都走得稳稳当当。这一个个目标，就像指路牌，带我走出迷惘，为我提供继续走下去的动力。

2. 我从中收获了良好的心态

竞赛学习过程中所经历的风风雨雨、起起落落、成功与失败，使我形成了一种"胜不骄，败不馁"的心态。一次考试考得好，只是说明此次考试的内容掌握得较好；考得不好，则说明这部分内容不是很熟悉，还需加强。考后对不熟悉的内容再加强学习，已经掌握的内容也不放松复习，以良好的心态迎接下一次考试。即使成绩非常不理想，也不要对自己失去自信。

分析考得不好的原因,能改就改,改不了就想办法弥补。"改变可以改变的,接受不可改变的",这也是一种好心态。

3. 我从中收获了友情

从学校的竞赛班,到省队选拔赛;从冬令营,到最后国家集训队。我结识了不少同学,也与他们结下了深厚的友谊。他们都有各自的优点,正是这些优点,让我看到了自己的不足,让我有了努力的方向,学会了与人交往沟通,提升了情商。我的前进路上有他们相伴,所以我才不会感到孤单,才会欢乐地走完这一程。

寄语同道人

我想在这里写下一些有关化学竞赛的心得体会,为正要踏上竞赛之路的同学们引路。

1. 重视基础

在化学竞赛中,最重要的就是基础。没有一个好的基础,学得再多都不会有深刻的理解。学习化学竞赛尤其需要高中化学知识的基础。化学竞赛的内容大多就是大学化学要学的内容,没有高中化学知识的基础,学习大学内容时就可能感到力不从心。所以,我建议必须在高一把高中三年的化学课本上的知识学习一遍,至少要达到做高考题时能轻松完成的程度。做高考题时要保证速度和准确度,这对以后做竞赛题时的速度和准确度有极大的帮助。除了高中知识的基础,大学化学的基础也是学习化学竞赛时必需的。在看完了高中化学内容后,建议看《无机化学》和《基础有机化学》,这两本书对化学竞赛中的知识有系统性讲解,这会使所学的知识不会成为一盘散沙,对于打好基础有重要的作用。很多人都有一种感觉,第一遍看书的时候如果效果不好,以后无论再看多少遍也会提高不大,因此要注重第一遍看书的质量。看书时要对所学知识进行整理,将各个部分知识连贯起来,总结出适合于自己理解记忆的知识体系,这对于巩固基础是很重要的。将看书与做题结合起来,多练习多思考,也利于加强基础。如果能独立解决大学化学教材中所附习题,那就证明你所学的基础知识已大部分掌握了。

2. 看重实验

对于参加化学竞赛,尤其是希望冲击全国决赛的同学,实验是一个非常重要的部分。每年都有一些同学在实验成绩上吃亏。初中化学第一节课上,老师就讲过,化学是一门以实验为基础的学科。所以一定要重视实验。实验应该尽早做,如果有条件,高二甚至高一下学期就可以由老师带领到实验室做实验。做实验前要想好这个实验应该怎么作,要点是什么,做好时间安排。实验时要稳中求快,注意细节,要思考每个步骤的目的、要点、注意事项,确保速度和准确度。速度和准确度都来源于平时练习的程度,所以在平常的实验中,一定要多练习一些基本操作,如移液、滴定、萃取等,多加练习之后,操作的熟练度自然就提高了。实验考试无外乎就是基本操作的组合,基本操作熟练了,考试时的速度和准确度自然就提高了。另外,实验时要特别注意实验台面和仪器的整理。这不仅会影响到实验进度,严重时还会导致损坏仪器(我高二参加的那次决赛就是教训,当时我摔坏了一个量筒,实验成绩被扣了5分),最严重时还会影响到监考老师的心情(这一点也很重要)。

3. 注重反思

在化学竞赛学习中,总结与反思是必不可少的环节。学完一部分知识后,如果不进行总结和反思,只会使学到的知识被渐渐遗忘,完全达不到学习效果。我在高二下学期就深刻地体会到了反思的作用。为了准备高一的初赛和决赛,我过早地把近年来的初赛和决赛的真题做完了,以至于到高二竞赛前,我找不到适合的题来练习。由于化学竞赛的特殊性,与真题的出题风格相近的模拟题几乎不存在,再做做过的题意义不大。所以那段时间,我在老师的指导下把之前做过的真题找出来,对着参考答案和评分细则一道题一道题地对比,分析得分或失分原因,反思自己还有哪些知识没有掌握,哪些解题技巧还不熟练。除此之外,我还对照大纲上的知识点进行反思,确认自己对该知识点以及相关知识点的理解程度。对于还不够理解的知识,我会去查阅相关书籍,加深理解。经过这些努力,我的解题能力有了很大提高。

4. 学会交流

化学竞赛的学习需要多与别人交流,与人交流是一个共同进步的过程,在看书的过程中碰到难题与老师交流会加快解决问题的速度。老师不一定能解答所有问题,但老师有时可以提供一种新的思考方式,在不知不觉中就能得到正确的答案。平时多与老师交流还可以获取一些有用的信息,如考试时间安排、讲座信息、实验安排,甚至老师教过的往届学生的学习方法、学习心得等。除此之外,与同学们交流讨论也十分重要。平时看书时与同学们多讨论,不仅可以更容易地掌握新知识,还可以加深对知识的理解。帮助其他同学答疑,既让同学对知识点有了了解,又加深了自己对该知识的记忆,这就是交流讨论的作用:共同进步。

5. 加强锻炼

坚持锻炼,能增强体质,提升耐力,培养团队精神,有助学习,建议大家有空就跑跑步,打打球,跳跳绳,多运动。耐力对于参加化学竞赛的选手是一项必需的素质,因为化学竞赛理论考试通常持续三四个小时,实验考试则更长,如果没有好的耐力,几个小时持续用脑容易变得反应迟钝,影响成绩。我在高中三年里每天坚持锻炼,风雨无阻。跑步、跳绳或者游泳,这几项运动极大地增强了我的耐力。我还会参加一些集体运动,如篮球、羽毛球等,这还有助于我与人沟通。

写下以上文字算是我对这四年竞赛的纪念。我将带上这四年化学竞赛送给我的恩赐,踏上大学之路,为了高中未能实现的通过竞赛为国争光的梦想而继续奋斗。

逐梦北大

还要强调的就是听课效率。如果课上老师讲的东西你都能记牢,都能弄懂,就会很容易得到高分。很多同学课上不认真、不专心,课下再加班加点,这种方法是不可取的。保证睡眠时间是保证听课效率的前提,养成良好的作息习惯,切勿熬夜。认真听课才能在学习上做到事半功倍,就算是自认为掌握的内容,最好也在课堂上认真听一遍,加深印象。

姓　　名:谢新锋
录取院系:信息科学技术学院
毕业中学:福建省南安市第一中学
获奖情况:2010年全国中学生高中英语能力竞赛泉州赛区高一组二等奖
　　　　　2011年福建省高一数学竞赛一等奖
　　　　　2012年福建省高中数学竞赛二等奖
　　　　　2012年全国高中数学联赛省级赛区三等奖

高考硝烟刚刚散去,这场战役对于已经保送的同学来说,似乎不痛不痒。生活依然在继续,无非是多了几场聚会,几次狂欢。就在7月刚开始的时候,我收到了北京大学的录取通知书,厚厚的一个信封,在拆开信封的那一刻,我才突然意识到:燕园已从魂牵梦绕中来到了现实,我终于如愿的成为一名"北大人"。

回首高中,我不能很自豪地说:青春无悔。但至少我在这里有过梦想,有过拼搏,有过汗水,有过泪水,有过成功,有过失败。北大的录取通知书是给我高中生活的最好交代,也是高中最圆满的一个记号。

竞赛篇

我是从高一才开始接触信息学竞赛的,对于初入高中的我来说,在奥赛班选拔时,只大致知道数学、物理、生物、化学在学些什么。那是我高中的第一个选择,在一无所知的情况下,我报上了信息学竞赛班,当时只是想着去试试。虽然之前没有基础,但也不能说明我不适合这个学科,信息学对我就是一个崭新的开始。

接下来在高一的"语言"学习中,我渐渐地发现自己很适合程序设计的思想,很容易找到合适的表达方式,编程能力在稳步提升,这为我继续坚持信息学竞赛坚定了信念,也打下了良好的基础。在高一下学期学习"算法与数据结构"的时候,我继续保持着优势。搜索、动态规划……在高一紧张的学习中,我在学校那间机房里,度过了大部分的周末和假期。

高一结束后的暑假,便是我在机房中天天训练的日子,那是我高中最美好的一个暑假,我竭尽全力为11月份即将到来的省赛而准备,整个暑假总共仅休息了6天。暑假带给了我很多东西,其中最重要的是如何面对挫折。

福州的夏天显然比泉州热很多,我们踏上了省计算机学会组织的信息学夏令营,在福州师范大学附属中学度过了信息学竞赛中重要的十天。夏令营基本算是新手的热身赛,真正的高手都没有出现。就是在这样的环境下,最后一天的模拟考试我只考了70多名。在成绩出来的那个下午,我一个人坐在教室后面,看着窗外安静的午后,没心情听汤老师讲解考试试题。心里充满了不甘心,在我的想象中,这场考试应该是小菜一碟,我是可以轻松挤进前10名的。而事实上,我错了……

现实的结果与预期的落差如此之大,失败像层层迷雾紧紧地将我裹住。还记得当时夏令营有"比例模拟切线"的比赛,按省级颁奖。这次比赛,我获得了三等奖,但是到了宿舍,我却把证书愤恨地撕成了两半,心想：4个月后，我一定会换成一等奖的！

现在，每当我看到那张变成两半的证书，我都在想：这比省一等奖的获奖证书重要多了。想到当时的任性和好强，自己也忍不住笑了笑。这就是我在高中遇到的第一个大挫折。

或许是因为这次夏令营的失利，从福州回来后，我变得异常努力。每天早上8点到机房，11点半离开，在完成了老师布置的练习之后，再去网上找模拟题来做。复赛前，我成为了我们奥赛班中做题量最大的学生。我承认我骨子里是一个很好强的学生，当时努力的理由只有一个——我不甘心。正是这个理由，支撑着我度过那段迷茫黑暗的岁月，教会了我更加努力、更加沉稳。在复赛的赛场上，我最终得到了省一等奖，这算是对我这一年半的努力的一个交代吧！

在信息学竞赛结束以后，我在数学竞赛指导老师的建议下，来到数学竞赛班继续学习。一周仅三次培训课，这相比于信息学竞赛来说，训练量算是少之又少，再加上我是半路出家的数学竞赛选手，每次数学竞赛班的考试我的名次都在末尾。最后，在高二的下半学期，我退出了数学竞赛班，专心投入到高考和保送生考试的准备中。10月份，是数学竞赛的复赛，我在3个多月没有准备的情况下，怀着试一试的心态去参加考试。当天进行得很不顺利，所以，在出了考场以后我就对数学竞赛彻底死心了。然而当结果公布的时候，却大大出乎我的意料——竟然拿到了省三等奖，这对于我来说的确是一个惊喜。

竞赛的道路非常苦，而这些苦是学生必须承受的。但是，苦中仍然蕴含着难以释怀的同窗回忆。难忘的机房时光，我和我同一战壕的战友们携手走过。

学习篇

之所以把竞赛放在前面，是因为高考相较于竞赛来说，变成了一段小插曲。从竞赛的战场出来，我还想投入到高考的战场中去，所以也非常努力地准备了高考的内容。我的年级排名也从一开始的20名稳步上升，高二时已经进步到了第4名。

关于学习方法，我认为主要是一个词：用心。在高中，很多同学晚上12点后入睡，早上准时在教室早自习念书，每天你都能见到他/她在课桌上"刷"题的身影，但期中期末成绩却还是不尽如人意，为何？有人将这种现象归结为天赋的差异，而我更喜欢将它解释为不用心的结果。他们在课桌前奋笔疾书，纵然做了一叠又一叠的考试题，但真正消化了多少，理解了多少？做题只能提高知识运用的熟练度，不能增加对知识理解的深度。有些同学数学学完一年了，课本上只写过名字。抛开功利化的分数，用心去研读课本，理解其中的知识点、知识的连贯性，对加深记忆、建立学科思维是很有帮助的。当然，练习在提高熟练度具有不可替代的作用。

刻苦加用心，这就是学习好的原因，没有窍门。愿意去思考，努力去训练。《论语》中就强调了思考的重要性："学而不思则罔，思而不学则殆。"学习，不能只是停留在做题上，思考的重要性往往被忽略。经常思考，高中的理科思维其实不难培养。

还要强调的就是听课效率。如果课上老师讲的东西你都能记牢，都能弄懂，就会很容易得到高分。很多同学课上不认真、不专心，课下再加班加点，这种方法是不可取的。保证睡眠时间是保证听课效率的前提，养成良好的作息习惯，切勿熬夜。认真听课才能在学习上做到事半功倍，就算是自认为掌握的内容，最好也在课堂上认真听一遍，加深印象。文科类科目如语文和英语，课堂上一定要认真做笔记，课后要有规律地复习，做到一周一次小复习，一个月一次大复习，具体的安排可根据个人情况进行调整。

保送篇

机会只会留给有准备的人。这是我在保送生考试的过程中一点一滴去证实的理论,准备不一定有结果,但没有准备一定没有结果!

课外篇

　　回首高中三年,丰富的课外生活令人难以忘怀。竞赛考试前的大部分时间我都留给了学习,竞赛考试后,我回到原班级又接下了班长这个职务,每周五晚上固定的班委会,我会处理班级大大小小的事务。

　　保送生考试后的高中生活是丰富多彩的,选择度也非常广。有的同学建议我去旅游,有的同学建议我好好玩玩网游,而我则选择乖乖回到教室继续学习。在老师的建议下,我参加了两次数学论文比赛,一次得到了县里的第一名;另一次我用了4个月的时间,做了一个不算大的课题,写作的论文得到广泛认可。

　　很多人问我为什么要这么做,我的回答是:"北大不只是一种荣耀,它还是一种责任!"保送北大不意味着可以在高中过着放纵的生活,它不是让自己放松的理由。我一直认为,是北大的鼓舞支持着我完成了更多的学习任务——学习数学,尝试写论文,考英语……

　　高三的最后一个学期,我陪伴着班级的同学,战斗到高考。

　　由于担任了实验班的班长,高三下学期的事情也异常繁杂,我几乎成为班级的志愿者。自渡还需渡人,我更希望能与高中的同窗们在燕园相见。我和其他已经保送了的同学,为班里其他还在奋斗着的同学开设了数学奥赛课,一周上两节自主招生指导课。记得那个时候我和同学们又一起"刷"了一遍自主招生的辅导题。笔试过后,我又和几个老师一起为同学们准备模拟面试,帮他们在网上找相关学院的材料,修改自我介绍……最后,看着他们一个拿下了清华30分降分,一个拿到了北大30分降分,我想:我们的努力值了!

　　那段时间,我还开始学钢琴、学书法。很多人无法理解为什么现在还学这些东西?会不会太晚?我想:只要是真的喜欢,什么时候学都不晚。

而且,晚不晚不是别人说的,当你认定要做一件事的时候,年龄就不是问题。

钢琴和书法的练习都很强调基本功,学习这两样内容让我更能沉得住气。真正的喜好,不用管别人如何评论,做好想做的事情,就能一点一点进步,达到自己的目标。

毕业篇

毕业典礼如期到来了,高中的三年是我难忘的三年。保送前单纯而执着地为了每一个阶段的目标奋斗,保送后选择了向自己的爱好靠近,这期间所做的每件事情都使我收获良多。回首整个高中,我学会了太多的东西:学会了梦想,学会了相信,学会了努力,学会了拼搏,学会了给予,学会了关心,学会了做课题,学会了软笔,学会了钢琴……满满的一个高中,是我给自己最好的成年礼。

走出礼堂的时候,我不免有点伤感,最后的时光,大家就要各奔东西。"逐梦北大"是我从北大夏令营回来后送给自己、勉励自己度过黑暗迷茫的高三的寄语。提前收到北大的录取通知书,是我高中最大的骄傲。梦已成真,大学的四年势必将是更美好的四年,相信北大所带来的机遇与挑战将磨砺我们,使我们更成熟!

燕园之路

在三年马拉松式的学习中,只有坚持的人才能有圆满的结果。听到闹钟,你能否立刻离开温暖的被窝;上课铃响,你能否及时拿出课本进入上课的节奏;夜深人静,你能否忍受攻克难题的艰辛……坚持好的学习习惯,保证规律的作息时间,是迈向成功的基石。

姓　　名:方思源
录取院系:化学与分子工程学院
毕业中学:安徽省铜陵市第一中学
获奖情况:2012年全国高中学生化学竞赛一等奖

小学三年级的时候,我第一次来到首都北京,第一次来到无数学子心中的圣地——北京大学。虽然年幼,但美丽的未名湖和那牌匾上的"北京大学"四个大字已经深深印入我的脑海。而此时此刻我收到来自燕园的通行证。回首一路走来所经历的快乐与苦恼,方才顿悟梦已成真。

三年的高中学习很苦,但我们常说贵在坚持,坚持就是胜利。在三年马拉松式的学习中,只有坚持的人才能有圆满的结果。听到闹钟,你能否立刻离开温暖的被窝;上课铃响,你能否及时拿出课本进入上课的节奏;夜深人静,你能否忍受攻克难题的艰辛……坚持好的学习习惯,保证规律的作息时间,是迈向成功的基石。

竞赛靠自学,成功需计划

高中阶段的学习尤其是竞赛准备,自学占相当大的比重,不能什么事都靠老师。大凡竞赛上有突出成绩的同学,无不是自己课下做了大量的功课。我们老师一直主张"师傅领进门,修行在个人",老师给你指点迷津,决不推行"填鸭式"教育。

以我们化学竞赛为例,化学是一门理科学科,但是也有很多人认为化学在某些方面像文科,这是因为要记忆的东西很多,尤其"元素化学"和"有机化学"更是琐碎的知识点一大堆。但我始终觉得化学不应该与文科类比,因为它的规律不是死记硬背的,它有非常清晰的思维过程和定量的公式法则。我在刚开始学习的时候,也曾为化学繁多的知识点而苦恼,于是找到一些有经验的学长或老师请教,他们知道各个阶段应该准备哪些知识,考试经常出现的考点,让我少走许多弯路。学习就是一个从陌生到熟悉,并且在不断应用中提升自己能力的过程,不要被困难吓倒。

刚开始学习时一定要注重基础,万丈高楼不能凭空建起,好的根基最为重要,好高骛远往往没有好的结果。在高一一定要把高中的知识掌握牢,适当拓宽,但也不要盲目追求高难度。我周围不乏一些成绩不错的同学盲目追求难题,结果经常犯低级错误,最后考不好的事例。高一往往大部分同学还没有发力,这时多下一些功夫,差距会很明显。在不影响文化课的前提下尽量多做竞赛题是我坚持的方针。时间是挤出来的,为什么保送生提前就可以拿到"通行证",因为保送生把更多的时间提前用在了学习上。高一的暑假我几乎没有休息,每天都给自己下一个目标,今天我要看多少书,如果没有完成我宁愿晚一些睡觉。心里怀着对大学的憧憬坚持着,也不觉得有多累。高二的时候,我拿到了一等奖。当你竭尽全力去完成的目标最终达到时,会有一种无与伦比的成就感。

因为成绩比较突出,我也让老师苦恼,省预赛时我和高三的同学并列铜陵市第一,老师怕我骄傲没敢告诉我。妈妈知道后决定告诉我,她相信我可以此为动力。我能理解老师的想法,"胜不骄,败不馁"的道理我也明白。在后续的一年里,我也没有因为第一年的省级一等奖而止步不前,因为我知道,要进入中国顶级学府,这还远远不够。给自己一个定位很重要,我希望进入什么学校,我就应该向这个方向努力。随着目标一个个实现,我离自己心目中理想的大学越来越近,自信也越来越强,这是一个良性循环。当遇到挫折时,也不要经不起打击,人生的路不止一条,机会也不止一次,乐观一点就过去了。

高二上,"有机分析""物化"要拿下,课本后的习题一定要做,争取课本题不要出错。看书应该有自己的想法,书上的错误能找出来,书上"从略"的内容大概能猜出来,书上引用到前边知识的地方应该不会感到困惑。看书做题有不会的地方找个本子记下来。社会上有许多培优班,大家要选择口碑比较好的,不要盲目报名,东奔西走,东西也没学到。化学竞赛不培训不行,培训多了也大同小异。

高二下,很多同学可能选择停课,我认为最好根据个人情况选择、判断。如果高中课程基础很扎实,又对竞赛比较有信心的同学,或者依据平时成绩保送希望不大的同学,可以选择停课专心学。这半年主要是梳理之前学过的知识,把薄弱环节拿下,最好手边有个记录本随时把自己觉得不熟的内容记下来。有省队选拔的同学如果打算参加决赛,可以考虑看决赛内容。我们不能怪高中实验机会太少,那是因为升学的压力太大,学校和老师不得不减少实验的时间,但我们可以自己做一些准备,毕竟化学是一个以实验为基础的学科。

暑假是决定初赛成败最关键的两个月,身边许多平时学得并不出色的同学通过暑假的拼搏得到"省一",也有许多被寄予厚望的同学稍微疏忽大意而与保送擦肩而过。此时的任务就是把所有初赛的题拿出来做,不到这时候不要去碰初赛题。因为化学竞赛的特殊性,使得风格跟初赛比较像的模拟题几乎没有,而化学题的性质又决定了做过一遍的题,再做就差不多已经知道了答案,导致失去训练的意义,所以如果之前做掉了初赛题现在就会没题做。首先把不会做的错的题弄明白,然后做下面几个工作：一是琢磨每个题的命题意图，琢磨多了就容易发现题目中的陷阱；二是分析答案中哪些话（关键词）是得分点；三是纵向比较，比如比较近10年来的题型、风格、考点、动向，然后逐一分析题型。等用这种方法把近10年的初赛题做完了，再使用同样方法看一遍决赛题，最后最好再回顾一下做错的题和回答不规范的题。暑假里还要尽可能多地把之前看过的书复习一遍。

文化课与竞赛，一个都不能少

关于文化课与竞赛的关系，我认为从一进高中开始就应该明确自己的方向是什么，如果自己确实有某方面专长，希望通过竞赛进入理想的大学，就应该尽量在竞赛上多投入，不要长时间在竞赛与文化课之间疲于奔命，应适当作一些取舍。每个阶段会有一个主要的方向，但大局观一定要有，关键时刻就要果断。基本上两头落空的同学都是没有及时作决定导致精力分散。这个因个人情况不同，如果感觉没有合适自己的学科，并且对拿省一等奖没有足够的信念，建议放弃竞赛，全力应付高考。

无论自己的实力多强，绝对不要放弃对高考内容的学习。名校更偏爱那些既有特长又不偏科的学生。随着国家教学改革，竞赛保送的形势已经愈来愈不乐观，北大等校都设有保送生笔试，没有绝对扎实的高考基础是很难通过的。平时成绩好的人因为另有一条后路，在竞赛场上压力要小许多，更易发挥出正常的水平。而且其他科对竞赛也多少有些帮助，单就化学竞赛来讲，在学习物理化学课时需要高等算术和热学的基础知识；在学习分析化学课时，会碰到较烦琐的算术推导（比如解一个三次方程）；在学习布局化学课时，会用到立体几何的知识以及一些基础物理知识。这几门课在没有很好的高中算术，物理基础的情况下学习起来会很费力。平时成绩不仅对竞赛有好处，并且会打下一个较好的文化课根基，使大学的学习轻松许多。

竞赛中的财富

竞赛就是一次盛宴,在这里你会结识许多朋友,会获得很多人生中宝贵的经历。冬令营时要放松心态,不用担心太多往后的工作,毕竟这时候你应该已经能上一个很好的大学了。在冬令营里要好好与四周的人相处,以后都会是一笔宝贵的财富。

竞赛不应当成为一种负担,它是高中学习的拓展。

在学习中我们可能会遇到各种问题,这时可以向老师和家长求助。在学校,老师是我们的长辈,也是我们很好的朋友。无论遇到什么问题,生活上的,学习上的,都可以找老师交流。我是经常在课外找老师交谈的,通过这样的交流,不仅使许多问题迎刃而解,也学到了老师身上的许多东西,更加深了师生之间的情谊。而在家里,父母应该是我们的知心人,代沟虽然存在,但只要努力总能减小隔阂,我也有不懂事惹父母生气的时候,但这不影响我与父母之间的关系。从小到大,父母鼓励我居多,他们尊重我的意见,虽然有时会唠叨一点,但都是善意的提醒。在我的高中生活中,一直奉行老师主管教学,不懂就问;家长主管后勤,让我有一个良好的学习环境。

"两耳不闻窗外事,一心只读教科书",这样做肯定不对。自然、社会、沸腾的现实生活,也是学习的课堂。积极参加学校的社会工作和社团活动,有一个兴趣爱好,这可以使你学到很多书本里和课堂上没有的知识和本事。当然力争在不影响或少影响学业的情况下,多一点课外时间。我平常喜欢打篮球和乒乓球,父母支持我课下多进行一些锻炼,毕竟高中学习已经很苦了,不能让高中完全枯燥无味。

在学习的路上我遇到过困难与挫折,庆幸的是我来到了北大,这个早已成为我梦想的地方,正是这样我更珍惜在燕园的时光。付出的汗水终将有所回报,希望我能结识更多优秀的北大人,也希望我能在大学中更上一层楼,不负作为一个"北大人"的使命。

我的物理竞赛生涯

人,最宝贵的就是青春,青春对每个人都只有一次。一个人的竞赛生涯应当是这样度过的——回首往事时,他不会因为虚度光阴而后悔,也不会因为一事无成而羞愧,当竞赛结束时,他可以说:"我将我高中的全部时光和精力都奉献给了我心中最崇高的'事业'——学科竞赛!"

姓　　名：李博瀚
录取院系：物理学院
毕业中学：四川省成都七中
获奖情况：第28届全国中学生物理竞赛省级赛区一等奖
　　　　　第29届全国中学生物理竞赛二等奖

在力学中,只要一个力学系统给定了初始条件,则其演化轨迹就是确定的。在生活中,支配自然规律的定律早已确定,我从不相信命,我只愿战胜困难。

题记

早在高一入校时,一位"料事如神"的好友便开玩笑地为我高中生涯作出预言:"高二,我的竞赛之路要达到顶峰,而之后就是下坡路,我会事事不顺,最后以一个悲惨的结局结束竞赛生涯。"我只是大笑一声,继续做语文作业。要知道在当时,我只不过是一个每天奔波于作业之间,成绩平平的学生罢了,每日繁重的课程压得我喘不过气来,更何谈达到顶峰与悲凉的结局呢?

记得2010年的秋天,初入高中,我参加了当时的物理竞赛初赛,出乎意料地得到了一个不错的成绩,于是下定决心,要在竞赛上开创一片天地。就这样,物理竞赛班第一排的座位便属于我了。但是,一切总不能像想象中的那样美好。每日我的时间几乎被作业榨干;无论如何努力,自己的竞赛成绩平平;而更令我难受的是,我的平时成绩竟在走下坡路,无论如何努力,也是徒劳。就这样,在那个最艰难的冬天,我的这位朋友在我的一片抱怨声中作出预言,可是,这种安慰人的话,谁又信呢?还不如先"刷"点语文题……然而,直到我走完自己的竞赛路,才明白这句话的奥妙。

在痛苦中求生

第一学期的期末,我拿到令人发狂的成绩。回家盯着那堆在桌上沉睡已久的竞赛书,内心总有一种忧伤的感觉。初中的我曾是辉煌的,但却不曾想到自己会落到今天这种地步——每一个进入重点高中的尖子生或许都有这种感觉,曾经的辉煌和今日的落魄,总是给予人无限痛苦,然而,那些在痛苦中求生的人,总可以等到希望的曙光。

我固然不是什么强者,对我来说,最现实的不过就是退出竞赛罢了——我不仅想过,而且试过,但是每当要说出口时,总是有那么一些牵挂让我欲言又止。就这样,我只有在纠结中度过每节竞赛课。也许是对平时成绩的绝望,我不愿花过多时间在竞赛上,于是就开始花大量时间挑战那两本字典般厚的黑白书,结果,出乎意料地在开学考试得了年级12名。但这并不是我最高兴的事,因为,当时的我正在逐渐找到一点竞赛的感觉,也许,自己的竞赛会有所改变了。

春天总是给人无限的希望,2011年也不例外,早已熬过肃杀的冬,我的心情是如此之舒畅。这年春天,总是有让我高兴而惊喜的事情发生。在第一排的座位上,我曾用笔在纸上演绎着自然的基本规律。疑惑过,忧虑过,但更多是不经意间的狂喜和对未来的无限遐想。不知不觉,砖头般厚的黑白书早已逐渐薄去,而那在不经意间增多的,是我的那几本笔记。还曾记得那些日子,当下午的竞赛课空闲之时,我便会在桑树下独自看书。空隙中的点点阳光投在纸面上,享受着带着花香的清风,偶尔品尝枝头的桑葚,却别有一番独特的味道。不知不觉中,我渐渐爱上了,爱上了这门优美而伟大的学科——物理。终日等待着竞赛课,总期待一次次相会。一日不见,如隔三秋,每一次交流和思维的碰撞总给人无限灵感。

也许,此时的我早已没有了痛苦,因为我已经在痛苦中生根发芽,以至于在那个夏天绽放绚丽的花朵,在秋天结出喜悦的果实。

第一个看见曙光的人

我在寂寞的一学期中慢慢积蓄着力量——虽然我并不知道,事实上,冬天的失利给我太多的痛苦,我仅仅是因为逐渐摆脱了痛苦而得到了暂时的欢乐。对于自己的实力,我或许真是不了解,只是觉得不会是垫底的人罢了。暑假的到来,无疑给了我充足的时间,让我能专注于自己正苦心经营的"事业"。每晚躺在床上,我的万千思绪便喷涌而出。我一直在默默等待秋,在这个收获的季节,我总希望自己能收获果实。但是,秋一天天接近,我又不由地疑惑,我能收获自己辛勤耕耘的果实吗?我逐渐走入迷茫,而看不见希望。然而,这种忧郁与迷茫终于在酷暑的尽头被打破。暑假最后的考试,我终于看见了自己的实力——我的考试成绩早已超过了同级的同学,在高二的学长中,也能占有一席之地,并且得到了所有老师的称赞。我再也不是曾经的那个为一个公式而纠结的人了,今天,我终于浩浩荡荡地战胜一道又一道大题,书写了奇迹般的分数。

或许,赛区一等奖对于曾经的那个我还是很遥远,但是今天,它却近在眼前,我终于看到了曙光,看见了它透过重重乌云,洒向大地。

秋,你已经来了。而我,已经苦苦等待你很久了。

辉煌的时刻

终于走出了黑暗,但在我面前的并不是光明。此时我不得不透过这短暂的成功来看见我不足的地方。我在物理上所下的功夫是足够的,但是,不得不说,我一味地按照竞赛大纲要求学习,所以根本没有怎么接触高等数学,这的确是我的一个短板。数学上的劣势让我物理上的才能不能完全发挥,在计算上,我也因此而落后。

也许,学习高数是一个很好的解决方法,但是,此时距离复赛只有不到半个月时间,而面对这个陌生的学科,扼腕叹息或许是无奈但最好的想法——可若是胜利就在眼前,你会选择沉沦吗?难道一学期的心血就这样白费吗?是的,我已经没有资本拒绝高数了,我必须拿下,而且是很完美地拿下它!

接下来的七天,我干了一件几乎疯狂的事,在那张属于我的桌上,用四天看完高数上下册,剩下三天练习用高数解题。还记得每天醒来第一件事不是睁眼,而是直接背出几个三角函数,导数和积分的公式;中午早已忘记去食堂吃饭,积分让我忘却饥饿。最后给我提供能量的,往往是一桶方便面。虽然学习很辛苦,但是每天我与朋友约定的半小时扑克时间永不改变,这样劳逸结合,又给我们补充了足够的能量。

枝头的叶早已枯黄,而斜阳总是对大地充满无限眷恋,把温暖默默洒向人间,想留住匆匆回家人的心。我独自站在楼顶的尽头,望见苍茫的大地,一种感情油然而生——明天即是决战,而我却说不清明日自己将身在何处,又是作何感想。我便默默等着,直到鸟雀早已归巢,夕阳的影子消逝在地平线……

我弥补了数学的不足,而真正的挑战才刚刚降临,冲锋的号角声已经响起!

2011年9月24日,星期六,阴天,32考室1号。我像往常一样握起

我的物理竞赛生涯

笔,但却不知手心早已湿透……第一题,天体,角动量能量方程,极坐标加计算器;第二题,静力学,用分析静力?放弃?不,我要继续……但此时手表上显示一个半小时已经过去,而还有3/4的题没做,我也只有暂时跳过此题。实际上考完后才知道,之前的一个小时我一分也没得到:第一题第一步就错了,第二题开天窗了。至于后来的一个半小时,我竟得了90多分。铃声响起,我瘫倒在座位上,手心的汗水打湿了草稿纸。紧接着,实验培训,半个月的时间让我有了充分的准备。

一切都将在10月9日揭晓,但是却不知道为什么,我在前一天晚上睡得很香很香——我已经尽力了,尽了我最大的努力,无惧无悔。

早晨,还像往日一样,早读,我又迟到了,所以被拉出去和班主任交流。"细节决定成败"依然是教育的主题,我无心去想,心中只知道昨天的化学作业还没做……直到最后一句,老师说:"哦,还忘了告诉你,你拿了一等奖,是唯一的一等奖……"手中的那支笔竟滑落了,直到我听见清脆的响声,我才意识到,竞赛结束了,我成功了,辉煌的时刻到来了!

我登上了顶峰,望见那不曾见过的景色。曾记得那天,一个人回到第一排的位置,细细体味这一切,自首次坐下到现在也有一年光阴了。曾经的那个忙于琐事的少年,找到了自己的归属,而幸福和喜悦,也正等着他。直到今天,我最喜悦的时刻,依然是那个秋天,2011年的那个秋。我依然记得每一缕斜阳的温暖,每一片落叶的颜色,每一颗果实的滋味。

盛极必衰

作为唯一的一等奖,或者说是全年级第一个得赛区一等奖的人(当时物理最先出成绩,有些学科甚至尚未开考),光环自然落在我的头上。可以说,接下来我的日子过得很惬意——这并不仅仅是因为拿奖,而是因为这是我高中度过的最愉快的时光。每天过得紧张而惬意——落下的课程使我很忙碌,但每逢周五的下午、晚上,我总会以各种理由不去上竞赛课——我和几个牌友毕竟不会放过这难得的娱乐时光。一切过得很好,期中考试我的成绩也有起色,表扬更是接踵而至,只有那位曾经为我"预言"的好友,默默地告诉我,盛极必衰。我并不在意,因为我自认为娱乐还是很有分寸的,我大多数时间还是认真学习的。

期中以后的时光轻松许多,我的牌瘾越来越大,自己还曾信誓旦旦地说,再也不玩牌,一定认真上竞赛课,谁知第二天自己又到别处逍遥去了。也许是老天有眼,在第三天,一阵莫名的头痛把我送进医院,这之后,又是连续十天的高烧——这彻底击垮了我。在与病魔斗争的一个月,我憔悴了很多。当病后返回教室时,才知一切早已过去。迎接我的只是教室第一排那张空空的课桌,留下的仅是早已铺满灰尘的一堆书和曾经的记忆罢了。

我的骄横与自大注定了这一切,曾经的辉煌与光芒,最终还是随着最后一片落叶回到了泥土里。而留下的我,正如那憔悴的枝头,独自伴随凛冽的寒风。

做噩梦固然是可怕的,但更恐怖的是梦醒后要去面对的现实。我无法说什么,曾经拥有一切的人转眼间一无所有,除了物是人非的惆怅,还能有什么呢?

◤ 到不朽的"事业"中寻求庇护去

高二的上半学期就在悲凉中结束了,期末成绩排名更是创造了历史新低。此时的我又回到一年前的悲惨境地。我的心,早已死在了那个秋天。

我曾在痛苦中生根发芽结出果实,在那萧瑟的秋风中应声倒下,最终又回到苦难中默默品尝。这种悲伤的心情,陪伴我度过了整个寒冬。终又是春天,可是那颗伤透的心,再也无法重新发芽了,我现在急需一项"事业",待我完全沉浸其中,以寻求心灵的安慰与庇护。

除了我，还有两位同学也是如此，他们在 2011 年的竞赛中发挥均有较大失误。既然大家都沉浸在一种忧伤与痛苦中，倒不如一起振作起来。失败使懦夫沉沦，却使勇士奋起！既然选择了竞赛，就到这项伟大的"事业"中寻求庇护去吧！

于是我们作出学校史上最大胆的决定——停课学竞赛，但这并不意味我们放弃了常规课程，我们只是要自学罢了。有了足够的时间学习钻研，便使我把所有的心思放在研究物理上了，而那些失意早已烟消云散。

物理竞赛的复赛、决赛和集训队选拔考试的差异很大。前两者对基础的要求很高，题目难度逐年减小，题的类型大家基本都见过，而计算量却在增加，颇有"难不死你烦死你"的趋势。但是集训队选拔考试涉及的知识却是一年比一年多，对数学的要求早已不再停留在微积分之类的了。我之前的功夫大多花在解题之上，但对物理并没有很深的认识，现在的主要问题就是系统学习大学普通物理，再尽可能学习理论物理。普通物理的知识大多接触过，但要把一个基础概念吃得很透，理解其中精髓，也并非易事，对于理论物理，只是进行粗浅的学习罢了。每日的学习有些枯燥，但又不乏趣味，每天我们都有交流，也会定期互相出题，甚至于竞赛课，也是由同学主讲。不得不说，这个团队对我有决定性的作用，"猫"（我的一个伙伴的别称）是我们中学识最渊博的。第一个学高数，第一个学普通物理，第一个研究线性代数、概率论、复变函数，第一个学习理论物理。我更多的时候是一位追随者。高一时我只是在研究竞赛题，始终疏于对基础原理的研究，如今，有一个领路的人，我便按照他的足迹走。我们之间时常交流——甚至到现在，以及毕业后的聚会上，我们都是在交流物理问题，所以经常擦出思维的火花，我们的研究成果也颇为丰硕。记得在五楼中间那间小教室中，我们为同一个梦想拼搏——多少天，不管窗外景色变换；多少夜，灯光只对准手中的习题。我们的实力迅速提升，大学物理似乎也不是难事。

说起这学期，又不得不再提起几件事。我还记得半学期前曾经因为一些挫折而终日闷闷不乐，神情恍惚，夜不能寐，毕竟，曾经的经历给了我过多的触动，我不免对选择竞赛之路产生了犹豫。而沉醉在"事业"之中只能了却暂时的痛苦，我的内心仍久久无法平静。那是距离半学期考试还有两周的日子，我早已无心学习，那一周便恍惚而过了。也许你会问，不在班上学习，期中考试之前如此颓丧，那考试会如何？是的，这确实是一个问题。就在那周的一个下午，我在教室狠狠睡了一觉，似乎心结也就此解开，而之后的一周，就是疯狂创造奇迹的一周。半学期的知识，我用一周搞定，之后的考试，又是班上第八名。事实又再次证明，在挫折或压力中奋起的我可以变得多么强大。挫折难免是有的，在这个春天我过得并不好，但又因此给了我无限动力，每次失败挫折只是让我越战越勇。在过完那个春天的时候，我们终于有了第一次测试，我以绝对优势获胜，实际上我很清楚，这一切的一切，全部都源自拼搏和挫折。

悲凉的秋天

时光飞逝，春夏早已过去，这年的秋，从无收获喜悦之感，而颇有悲凉肃杀之气。所谓成也萧何，败也萧何，我们也是一样。前期过多精力时间放在大学的知识学习之上，对于复赛决赛的练习甚少，而当下大家所比的更多的是细心的计算，对于练习不多的我来说几乎是噩梦。说实话，我几乎所有的竞赛书都是在高一看的，而高二主要是在学习大学知识，对付决赛则显得有些华而不实，要想让它们发挥作用，就要等到集训队。我还算幸运，艰难熬过了复赛，但另外两位伙伴，那两个曾经对未来充满无限希望的少年，早已消逝在秋风之中。

全国决赛，对我又几乎是噩梦，计算几乎毁了我的理论成绩，当得知成绩的那一刻，我也像他们在复赛后一样，仰天长叹一句："我可以回家休息了！"却殊不知命运总爱玩笑于我，实验成绩把我推到二等奖第一名——如果说一等奖能进集训队,那么,我离梦想只有一步的距离。仔细核对答案与试卷复印件,竟又发现在大题上竟有阅卷错误!这无疑又给我带来一点希望,但最终总因为各种原因让这些题的分数不了了之。10月8日,等待着一等奖线出炉,最后的结果,还是并列二等奖第一名,一切功夫,终归是徒劳。

　　这天上午,我躺在床上想了很多,回顾自己的竞赛生涯,虽然一事无成,但我从不会因为虚度光阴而悔恨,我可以大声地说:"我已经尽力了!不,是竭尽全力了!"纵观我的高中生活,我曾是无名小卒。我通过努力,一步步向上爬,终于到了顶峰。而现在,即便是从顶峰坠下,粉身碎骨,我也算是死而无憾了。毕竟,我早已在顶峰看见别人不曾看过的风景,享受过别人不曾有过的登山过程。多少痛苦经历过,多少喜悦品味过。纵使是外力让我生活不顺,但这不重要,重要的是,我拼搏过,我对自己的青春问心无愧。

　　秋,早已在肃杀中走过,到来的,是冬那透骨的寒气。冬天,我在痛苦中度过,三年都一样,我从痛苦中成长,现在只不过是回去罢了……

　　当我已经准备好一切,向悲伤走去,电话铃声骤然响起,在电话另一头,竟是我进集训队的消息,我又能说什么呢?

毁灭

　　集训队的日子让人觉得枯燥,虽是11月,但在北方早已是一片寒冷。课程虽然有些难度,但之前也有接触,所以不算吃力。生活平淡但希望又在眼前,我也很用功刻苦。想起消逝在秋风中的战友,又觉得自己是足够幸运的,却颇有点孤独和寂寞之感。时间过得很快,而我的听力日益下降,每日上课耳朵总是作响,甚至有些听不清,这使我每日很是苦恼,甚至打算翘课休息。但我始终没有意识到,一场灾难在等着我。而且,我根本无法想象命运彻底把我逼死在梦想的门口。

这天，我下定决心请假休息，于是顺便到医院检查，得到的是可怕的结果——神经性耳聋，我的听力正在丧失……简直是晴天霹雳！我坐在医院走廊的尽头，一个人默默地想着，很有可能一辈子就要靠助听器度过了，我又不敢想，不愿想了。忐忑，失意，焦虑，不，是绝望与挣扎。康复的日子很漫长，我的听力何时恢复，像是未知数。这病是因压力和操劳而起的，所以回家的日子自然也无法顾及手中的书本。也就是说，命运又捉弄我一番，让我又回到从前的状态，甚至还要夺取我的听觉。我注定是要回到失意的冬中去了，直到雪将我掩埋，或许待到春暖花开之时，冰逐渐融去，也许还会露出我曾经的踪迹……

我的病总算是好了，一个月的点滴基本上解除肉体的痛苦，听力恢复还算顺利。命运似乎还想捉弄我一番，便留给我返回的机会。我并非强大之躯，自己也知道可能再返回也是一场空罢了，但我似乎还是抱着一颗不死的心，奋斗，不到最后一刻，不罢休。离选拔考试仅有一周，我重拾手中的书本。又是一周，正如之前，疯狂的一周，我以极高的效率复习大学物理、哈密顿原理、矢量分析公式、拉普拉斯方程、分离变量、系综理论、薛定谔方程、傅立叶变换……这些知识从我眼前逐一闪过，好像又回到从前，从前自己在第一排的那张书桌上一样。是的，和以前一样，但是我没有取得成绩，就在去天津的前一夜，我突发高烧……我依然去参加考试了，但在最后的几堂考试，终于坚持不住了……

曾经的希望，从此成为泡影，一场病，永远地毁了一切。它在我最艰难拼搏之时毁掉了我的希望……毁灭，彻底的毁灭……

后记

我的竞赛生涯就因此结束了，这次，我没有抱头痛哭或是仰天长笑，没有抱怨，没有遗憾，我已经尽力了——虽然终究是没有战胜命运，只是静静地坐在火炉旁，度过漫长的冬。

我的物理竞赛生涯

最初的"预言"仍然实现了,或许到最后才发现,自己苦苦追求的竟是一句可笑的预言中描述的事实。这不重要,这从来不会成为我停止追梦的理由。人,最宝贵的就是青春,青春对每个人都只有一次。一个人的竞赛生涯应当是这样度过的——回首往事时,他不会因为虚度光阴而后悔,也不会因为一事无成而羞愧,当竞赛结束时,他可以说:"我将我高中的全部时光和精力都奉献给了我心中最崇高的'事业'——学科竞赛!"

我的竞赛之路

学习竞赛意味着我们在本来已经繁重的高中课业负担基础上,又增加了对某个学科深入学习的压力;意味着我们需要更多的自主规划的能力;意味着我们需要面对更多的心理素质的考验;也意味着我们将享受到更多"不足为外人道也"的知识的快乐。

姓　　名:牟文龙
录取院系:信息科学技术学院
毕业中学:山东省实验中学
获奖情况:中国数学奥林匹克二等奖
　　　　　全国高中数学联赛省级赛区一等奖
　　　　　全国青少年信息学奥林匹克联赛省级赛区一等奖

2013 年 1 月 13 号,期待已久的北京大学招生网上终于公布了录取结果,我多年来的燕园梦成为了现实,我的人生进入了一个更高的舞台,走上了一段新的征程。回想这些年的学习经历,无论是高中知识的学习,平时的读书,竞赛的准备,还是保送生考试的考验,我从中收获的不仅仅是一纸录取通知书,更多的是综合素质的提升,文化修养的积累,创新思维的训练。在这里,我写下这段竞赛之路上的一些经验、收获和感悟,既是对自己这段历程的总结和反思,也希望能对之后的学弟学妹们有所帮助。

高中时期我参加了数学、信息学、物理三个科目竞赛的学习,深入学习了这些学科的一些知识和方法,取得了一些成绩,也经历过一些挫折,可以说,竞赛的学习是我高中三年学习的一个重要主题。从自学能力到探究精神,从学会取舍到心理素质的磨炼,竞赛对我各方面产生了深刻的影响。以下几个部分,我将具体讨论竞赛路上的一些经验。

选择

一进入高中,竞赛生面临的选择就远远多于其他同学:是否要学习竞赛?选择哪科竞赛?在竞赛上投入多大精力?虽然相比社会中面临的选择,这实在是小巫见大巫,但对于一个刚进入高中的学生而言,选择一条适合自己的道路并不容易。

首先就是竞赛科目的选择,这也是很多希望学习竞赛的高中新生面临的一个重要问题。这个决定是对之后三年学习进行规划的前提,因此要尽早作出。以我为例,我对数学、物理、计算机都有浓厚的兴趣,但如果从中选择一个科目,并在高中三年为之付出很多精力的话,就必须要有舍才能有得。因此,这个选择对我来说尤为艰难。经过权衡,最终我选择了数学竞赛。其实现在回想起来,我认为从升学的角度来看,每一科竞赛只要用心去学,方法得当,都能最终取得一个不错的结果,而数学证明的创造性和严谨性对思维的训练,才是这个选择给我带来的最重要的礼物。刚入高中的同学在作出这个选择时,应主要考虑个人的兴趣和能力,如果之前在某一科竞赛有一定基础,也很有继续学下去的兴趣,那么这科竞赛应该是不错的选择;但并不意味着之前没有基础的同学不适合学竞赛,事实上,每年有很多竞赛获奖选手是从高中开始零基础学起的。同学们可以搜集关于各科竞赛的一些信息,与学长、老师们进行交流,也可以旁听一两节竞赛课,但始终要记住,适合自己的才是最好的。当然,如果学有余力的话,可以适当涉及一下其他科目的竞赛。因为不同的竞赛给人以不同类型思维的锻炼,对主科竞赛的学习和学术素质的开发都有一定帮助,有时可以起到"移花接木,方能事半功倍"的效果。这一点我也深有体会,比如数学上微积分的知识对物理竞赛很有帮助,组合数学的一些思路方法应用到编程上常常能取得出奇制胜的效果。

另一个重要的选择就是升学的道路。虽然竞赛的学习显然并不只是为了上大学,但这种现实问题也是必须面对的,而这个问题的选择决定了我们在竞赛中投入精力的多少。一般而言,刚进入高中时有一个适应的过程,在前半个学期应以高中正常课程为主,适当涉及竞赛,逐渐调整,找到自己的学习节奏,之后可以根据自己在竞赛和一般课程中的兴趣和能力作出选择。但无论如何,完全放弃日常的功课是极为危险的,我曾目睹过很多很有才华的同学,由于竞赛耽误了太多功课最终一无所获,为他们感到非常惋惜,因此也劝告之后的同学们:无论为了升学还是为了长远的发展,哪怕只是为了一个完整的高中生活,一定要扎实学好高中的日常功课。

 征程

作好选择,就要踏上竞赛的漫漫征程。平心而论,竞赛的学习并不轻松。学习竞赛意味着我们在本来已经繁重的高中课业负担基础上,又增加了对某个学科深入学习的压力;意味着我们需要更多的自主规划的能力;意味着我们需要面对更多的心理素质的考验;也意味着我们将享受到更多"不足为外人道也"的知识的快乐。

高中课程的日常功课,竞赛的学习,再加上综合素质的提升,同时完成这些任务无疑是具有一定挑战性的:既需要刻苦的精神,踏实的努力,更需要"平衡"和"时间分配"上的智慧。为解决这一问题,一方面,我把重心放在课堂上,重视课堂效率,尽量当堂把知识理解好,即使在课堂上没有完全解决的问题,也一定要当天解决,并在周末对知识进行复习巩固,不留后顾之忧,这样就为课余深入学习竞赛空出了宝贵的时间。另一方面,由于竞赛没有一种通用的课程标准,而且主要靠自学,做好学习规划,有效地利用这些时间,也是非常重要且有一定难度的。这既要考虑学科的内容,又要结合自身特点,与老师多沟通,设计一个适合自己的竞赛学习规划。比如:数学竞赛的考试时间在10月中旬,一般高三时出成绩,在这之前的4个学期,可以规定自己每个学期重点学习二试中几何、代数、数论、组合这四个模块之一,并对一试和之前学习的模块进行定期的练习,保持做题状态,最后一个半月多做题强化训练并对知识进行总结;而信息竞赛在11月中旬考试,为留出时间充分准备保送生考试,一般都要在高二时出成绩,这就需要在尽快熟悉语言基础和算法的基本思想后,把这一年的时间合理地分配给各个专题模块,并结合网上评测系统多进行练习。总而言之,每一科竞赛都要针对它的特点自主进行学业上的规划,这也是竞赛的学习与高考的一个重要区别。

  在各科竞赛中,数学竞赛往往被看做是最难、偶然性最大、最依靠灵感的学科,我有一个学化学竞赛的同学曾调侃道:"数学竞赛就是撞大运。"但在我这个学习数学竞赛两年半,取得了一定成绩的选手看来,这种说法有失公允。诚然,数学竞赛的很多题目很依靠直觉,最常出现的情况是答案的每一行都能看懂,可就是不知道怎么想出来的。其实,这并不是因为缺少灵感,而恰恰是某些小结论、小技巧,或是某个知识体系,某种数学思想、方法没有掌握好而造成的。比如,在一个复杂的多圆问题中,答案可能由一串天外飞仙般的辅助线和相似形的证明组成,但事实上,这段证明往往只是通过两圆问题中常用的几个性质导出一些结论,顺蔓摸瓜得到的。因此,在数学竞赛的学习中,积累和总结常常是很重要的,不能仅仅就题论题,而应该从做过的题目中总结出一些有用的性质,以便之后再次应用。这样的总结作得多了,就会在头脑中对数学竞赛中的一些内容形成一个体系,再遇到这一体系中的其他题目时,就能得心应手了。数学竞赛书籍和名师的课堂上,常会对这些小结论和体系进行一些介绍,这些都是数学竞赛的专家们多年研究的成果,往往非常有用。但"学而不思则罔,思而不学则殆",光靠听课看书是不够的,在实际学习中要博采众长,更要自己深入思考,形成自己的一个体系,这样才能在竞赛中立于不败之地。

竞赛征程中的最后一步就是考试了,虽然考试只是对我们实力的一个检验,但临场的发挥往往对成绩有很大的影响。竞赛的考试与我们平时接触的高考略有不同,它往往不以细节取胜,而以思维取胜。数学竞赛的二试用2.5小时时间做4道题,决赛是9个小时做6道题;物理竞赛复赛一般是2.5个小时做8至9道题;信息学竞赛省赛则是5个小时编6个程序。看起来时间很充裕(高考一般2个小时要做二三十道题),但每一道题都不简单,都需要积极的思考。而且除少数高手以外,大多数人都只能做其中一部分题目,得分普遍较低。这就决定了竞赛考试中要注意的心态。首先,要灵活思考,多作尝试,不要给自己设限,不要把时间浪费在怀疑上。莎翁有一句名言我非常欣赏:"疑虑出卖了我们,使我们害怕尝试,我们本来可以赢的,结果却输了。"小到竞赛的考试,大到人生乃至世界历史进程,这句话都值得深思;其次,虽然前面说到竞赛中不以细节取胜,但不注重细节确实可以让人在竞赛中失败,因此,严谨性也是必不可少的。此外,还有一些小的经验:一是对往年的试卷多进行研究,找到命题的规律使我们考试时心中有数;二是保证充足睡眠和体力,以保持大脑长时间高效运行;三是很多老师会强调的心理素质问题,我认为最有效的调节方法就是少想别的,把精力放在题目上。当然,应试的技巧还是次要的,最重要的还是提高自身实力。归根结底,水平是学出来的,不是考出来的。

反思

高中竞赛伴我三年,最终帮助我通过保送进入到梦想中的大学学习。对于竞赛以及保送制度,我也怀着一种复杂的情感,也有很多作为亲历者的体会。

我不会忘记,高中的竞赛对我的成长历程具有很大的帮助。从学术上讲,高中时对 3 科竞赛的学习,加深了我对数学、物理、计算机的兴趣,也为我进入信息科学技术学院学习打下了一定基础。我从高中数学竞赛中学到的很多方法在大学的一些题目上都可以灵活地运用,物理竞赛和信息竞赛的一些知识也与大学课程有重合之处。更重要的是,竞赛的学习教会了我很多学术上的思想方法,培养了我在学科上的直觉,教会我如何严谨地推理,如何发现问题的关键,如何有针对性地构造,如何找到突破口。在我个人综合修养的塑造上,竞赛和学习的压力使我学会有效地自主安排时间,使我在做事时避免拖沓,提高效率;难题的磨炼使我学会独立思考,使我静下心来,坚持到底;多次考试的沉浮锻炼了我的心理素质,使我在大事面前能够宠辱不惊,保持理性;第一年参加数学竞赛的失利,使我放下浮躁,使我学会尽快从失败中走出来,总结反思,重新走上拼搏的道路。可以想象,如果没有竞赛,或许我仍然能够进入理想的大学,但这些锻炼却是得不到的。

文章写到这里,从竞赛招生时老师们的演讲,到课堂上对一个题目的沉思,再到准备竞赛和保送生考试时同学们一起学习一起欢笑的乐趣,这三年的竞赛之路历历在目。这不仅仅是一段学习经验,更是我高中生活美好的一段回忆。最后,祝每一位有理想有才华的高中生都能进入自己理想的大学。

化学竞赛随感

面对问题要善于思考而不是立刻求助于他人和答案,面对答案能够加以总结甚至质疑,面对老师能够提出所讲课程的局限与补充,面对权威能抱有自己的观点和看法,这都是学习竞赛的学生所应该具备的能力。

姓　　名:田嘉铖
录取院校:地球与空间科学学院
毕业中学:湖北省华中师大一附中
获奖情况:2012年全国高中学生化学竞赛二等奖

首先最为重要的一点,学长们的学习经验可以借鉴但不要盲从。每个人的经历不同、性格不同,遇到问题时所作出的选择自然不会一样。只有你自己的经历所带来的经验才是自己最重要的财富。

关于学习方法

当你选择了化学竞赛这条道路,你就选择了完全不一样的高中生活。没有老师的反复教导,没有大量的参考资料,有的只是各种各样的大学教材以及质量参差不齐的习题。显而易见,竞赛会消耗你大量的时间、精力与金钱,遇到很多不会却求助无门的学术问题,面对来自老师、家长以及高考的学业压力,付出更多的努力,却可能无法得到好的结果。面对这些,请你扪心自问:你准备好踏上这条道路了么?

选择化学竞赛就意味着你要喜欢上这门学科,至少是有求知的欲望,能够为之努力学习,而不产生反感。有不少同学是因为见过许多漂亮的实验而对化学这门学科产生了兴趣,从而想走上化学竞赛的道路。但是化学竞赛和高中所学的化学截然不同,它不再只是一门功课,而是变为一系列学科。它所需要的不是对一门学科的深入理解,而是对多学科的基础的掌握与整合应用,这必然会占用大量时间,更何况还有为了适应考试所要做的大量练习和教程。如果不是出于兴趣一味跟风学习,只会浪费你本应用于高中知识学习巩固的时间,而竞赛失利的可能性也非常大,只会是得不偿失的行为。

  当你选择参加化学竞赛后,一开始你需要的就是一个合理的对未来的规划。因为你只有两年的时间用来学习与高中课程几乎无关的内容,与此同时还要学习高中课程与准备考试。如果没有合理的时间规划,最后的结果很可能是事倍功半,而且高考和竞赛都无法兼顾。

  这里的规划除了指时间上的规划,更有课程上的规划。不同的化学课程所占的比重有所不同,侧重点也各有千秋,哪些需要掌握,哪些只需知晓,哪些可以直接跳过,这些都是在开始学习前就需要了解并规划好的,否则就会浪费很多时间在细枝末节上。很多课本里看似高深的东西,比如"薛定谔方程",是不会出现在考试中的,所以我们不需要为它们花费大量精力更不应被它吓倒。

  当然规划不是一成不变的,可能你会在某门学科上遇到困难以至于无法完成自己的计划;可能对某门学科产生了特别的热爱提前完成了任务;甚至可能在学习一段时间后心灰意冷,这就需要时刻调整自己的规划与目标。省级初赛、冬令营、集训队、国家队,每个目标所需要的努力与时间都不相同,每个人所能够达到的高度也不会一样。尺有所短,寸有所长,别人因为在某方面的能力比自己强而取得相应的成绩是理所当然的,我们在自己的优势上下功夫,也能取得别人无法取得的成绩。

  所以说这就意味着在开始竞赛前,就要为自己定下一个恰当的目标。每个人都可以很努力,都想着努力总归会有恰当的回报,结果却会截然不同。这种差异不是努力的程度所能改变的。"仰望星空,脚踏实地",虽然你可以有远大的目标,但是当发现自己无法达到预期的时候应该及时调整。

相比于大量做题,阅读大量教材在化学竞赛的学习中更为重要。阅读量越大,你看到的东西就会越多,而考试时考到自己看过的知识点所产生的兴奋感,会对你心情的平和有很好的效果。而且一本书的知识面肯定是不全的,书上甚至也会有错漏。大量的阅读有利于把不同教材上的内容整合补充,延展自己的知识面,不至于在考试时遇到自己没看到过的内容。

习题对于学生的重要性自然不需要我来说明,但是如何看待大量却质量参差不齐的习题,是一个很重要的问题,尤其是在很难找到贴合考试的习题的情况下。所以,首先应该评估哪些是单项训练做的习题,哪些是要成套做的,哪些是根本不符合竞赛的。将时间浪费在不必要的习题上显然是不明智的。

还有很重要的一点,就是你需要有独立的思想。因为大部分时间里你都将处于自学的过程中,如果不能自己解决问题而是求助于他人,那么在考场上你会无法相信自己笔下的答案。面对问题要善于思考而不是立刻求助于他人和答案,面对答案能够加以总结甚至质疑,面对老师能够提出所讲课程的局限与补充,面对权威能抱有自己的观点和看法,这都是学习竞赛的学生所应该具备的能力。

关于竞赛的看法

相比于数学、物理竞赛,化学竞赛更加偏重于知识的广度,但也不像生物竞赛一样把记忆力作为主要因素。它所注重的是知识的获取与类比迁移,需要我们阅读大量的教材资料并能在学科间融会贯通,大量地做题反而是次要的。而且阅读教材,扩展知识面,看到之前并不知晓的内容,是一个很有意思与成就感的过程。

化学是一门美丽的学科。这世上的一切都离不开化学反应，材料的发明与改进、能源的节约与利用、药物的改造与增强，都离不开化学。而生物的生长代谢，更是各种化学物质在生命体内，不断地进行错综复杂的化学反应的结果。化学的不断发展进步能够有效促进许多技术的革新，从而提高人们的生活质量，促进社会进步。

有许多人包括我自己对于化学的兴趣来自于花花绿绿的化学实验。的确化学是一门实验型的学科，在化学竞赛的学习过程中也会有很多实验。实验中的每个步骤，只要稍有不同就有可能产生截然相反的效果。看着反应过程中变化多端的实验现象，你会感叹化学是多么奇妙。而当几个小时的辛苦换来的产物摆在自己眼前时，满足感也会油然而生。化学实验是竞赛过程中极富魅力的一部分。

至于竞赛，晶体部分的题目可以锻炼你的空间想象能力；元素推断能够激发你的联想思维；分析计算则能加强你的严谨性与计算功底。而做出一道难题的成就感，更是对之前学习成果的莫大肯定并能产生巨大的学习动力。竞赛题目所涉及的方面是很广的，很多内容并没有出现在书本上，而是需要我们自己来探究，从某种方面来看做题也是一种扩充知识面的过程。

尽管化学是门很有意思的学科，但这不能等同于化学竞赛是容易的。如果你想取得好的成绩，你需要阅读大量教材，找寻各种题目进行练习，同时还需具备一定的天赋。它并不如你想象中的简单，它同物理、数学竞赛一样要付出足够的努力和时间才能取得你想要的结果。

关于心态

在面临考试的时候，相比于知识的掌握程度，心态的把握显然更为重要。希望总是美好的，现实永远是残酷的。对于好结果的憧憬与渴望换来的有可能不是梦想成真的喜悦,而是有悖人愿的失败,让人叹息却又无可奈何。面对只有两次机会的比赛,一念之差就有可能意味着满盘皆输,三年辛苦就这么化为泡影。

人生不如意之事十之八九,正是如此。

竞赛这条道路本身就是艰苦的,每前进一步就像是在金字塔上提高一层,最后能站在塔尖的人寥寥无几。我们总是只看到高处的人有多么春风得意,却忽视了每个人都有跨越不了的高度。

在竞赛的过程中,大量做题是必须经历的一个过程,面对大量的难题甚至是怪题的打击,有些人会被它激发斗志,可能更多人会感到畏惧,甚至从此在面对复杂题目时失去自信。在这种情况下维持平和的心态是非常重要的。紧张使你对明显的错误熟视无睹,兴奋使你忽略题目中的细节,不安则会让你无法相信自己所写下的结果。在做题时多余的情绪只会蒙蔽你的双眼,而不会让你发现你本应写对的一问。在上考场之前我们不要像运动员那样让自己兴奋起来,心如止水才能让你看到每个细节,想到每种可能,从而发挥出自己应有的水平,不会在考试后因为发挥失常而嗟叹后悔。

考试结束后,在你走出考场的那一刻,最终的结果就不是你所能改变的。无论是如愿还是失落都已经注定,所以无需哀叹发挥失常,无需为结果惴惴不安,你所要做的只是继续自己的学习。你的情绪不会改变结果,只会影响你学习效果。当然这不意味着就一定要"不以物喜不以己悲",感情的表达可以适度,但不应过量,长期沉浸于成功的喜悦或者失败的痛苦,只会是对之后学习的干扰。

所以我认为在面对考试时,心态比知识的掌握更为重要。不要因为暂时的成功就沾沾自喜,也不要因为小小的失败就妄自菲薄。虽然说空有好的心态没有足够的知识不可能让你做出任何一道题,但是在知识水平相差不多的情况下,心态的好坏就能决定你是否能发挥出自己全部的实力。在竞赛机会只有一两次的情况下,这一点就显得尤为重要。

然而如何才能保持平和心态呢?我们对自己的认知很多时候都是建立在别人对自己的评价之上,每个人内心都希望得到别人的肯定与赞美,因此他人的看法很多时候都会影响到我们的心态。但是我们应当知道,他人对自己的看法只是基于他人的价值观而言的。老师大多数情况下只会以成绩和学校表现来评价你;父母会以是否懂事乖巧来评价你;领导会以办事效率高低来评价你。他们很少关注你在面对成绩和批评时的抗挫折能力,在完成计划时的独立性与执行力,以及能提出新的有效率方法的创造力。他人的想法总归是片面的,自己对自己的客观看法才是重要的,虽然我们无法做到轻易对他人的看法释怀,但是也不能轻易被其扰乱自己的心态,因为只有自己才知道自己的实力与潜能。

即使我们能够做到不在意他人的看法,拥有强健的心灵,但是种种失败感仍可以击碎它。失败无疑是苦涩的,但是沉溺于这种苦涩,只会让我们失去继续前行的勇气。纵观人类的历史长河,许多名人都有着坎坷曲折的经历。而这些并没有成为阻碍他们成功的障碍,反而是他们能够坚持自我观点的精神财富。失败与挫折只是生活对于我们的一次次考验,而在面对它们的时候选择放弃才是真正的失败。

学习竞赛并不意味着放弃全部其他爱好,无论是学习何种学科,劳逸结合都是非常重要的,体育课、报纸杂志或者电视电影都是很好的调剂。下课时不要苦坐在书桌前,午睡时间回寝室睡一觉,体育课上不要偷溜进自习室,饭后陪同学聊聊天。如果弦绷得越来越紧,那总会有拉断的一天,而休息一下则能够减轻大脑的负荷,为接下来的学习做好准备。我们当然需要学习勤奋、珍惜每分每秒的精神,这是我们的学业能够不断取得新的更大进步的重要保证。但是不断出现的"过劳死"的案例值得我们反思:考试没考好还可以明年再来,身体被压垮可能带来更严重的后果,就算学业再重要,能有我们健康甚至生命重要吗?健康是学习的基础与前提。

梦想家手记

高中的确课业负担很重，语数外理化生政史地统共九门课，每门都还好，但乘以九还是很可观的。在这种情况下留给竞赛的时间并没有很多，所以才会说竞赛是给学有余力的同学准备的。

姓　　名：翟佳音
录取学院：经济学院
毕业中学：陕西省西北工业大学附属中学
获奖情况：全国中学生生物联赛一等奖

送你一匹马

从接到通知书那一刻就一直惦念着写这篇文章。可是拖拖拉拉了有月余，却依然踟蹰不知如何下笔。眼看漫长的夏天到了尾声，我也终于能够在这样晴朗的一天里，静下心来坐在电脑前敲字。

心中总有些忐忑，也有些不舍。忐忑的是怕自己无法为这一段人生做出一份恰当的报告，也唯恐这手稚拙文章让学弟学妹们见笑。不舍是因为这文章就像一个句点，总觉得敲下最后一个字的时候，我就要跟之前漫长而美好的岁月告别了。

但更多的，应该是期待吧。对踏入燕园的期待，对广阔天空的期待。相信每一个人在踏入燕园的那一刻，心里都是满满的憧憬和搏击长空的热血。这里我写下这些话，作为一篇纪念，给自己也给别人，共勉珍重。

撒哈拉的故事

我用了撒哈拉的故事做小节标题，觉得非常恰当。这三年就像沙漠，广袤无垠，苍辽壮阔，我有一颗英雄的心，去时坚毅无畏又激动热血，长河边回望时目光却也温柔缱绻。

刚到高中的时候我有一种很复杂的心理，同学们都非常优秀，毫无疑问我有着一颗谦逊的心，但我也有一颗好胜的心。初中当惯了第一，来到这样一个强手如云的环境，自知最重要的是低头做事，但每当小有成绩的时候还是会忍不住在心里翘翘尾巴。这样浮浮沉沉的心情几乎一直伴随着我，我的第一次考试也毫无疑问地考砸了。那次考完试以后班主任找我谈话，她说我没有考出我自己的水平，她还批评我浮躁，这让我很吃惊，因为从小到大我在各种老师眼里一直都是沉稳踏实的代名词，这是第一次被说浮躁。我起初不服，很久之后反思才发现自己那时是真的浮躁。我将自己浮沉的心情收拾好，踏实地做了改错本，一道道地去订正错题，考试前一遍遍地看。当不再去想分数和名次时成绩倒有了提升。那个冬天我拿到了全班第一，年级第十九。

三年的高中学习教会我人生的一条准则——"抬头做人，低头做事"，与大家共勉。

雨季不再来

作为一个凭竞赛获得保送资格的人，我却必须对你们说，竞赛于我是一个美丽的意外。

我看了很多竞赛"大神"写他们与竞赛的故事，用"一生有你"来形容实在贴切。而我本质上却是一个实实在在的"高考党"，误打误撞上了竞赛的船。

刚上高中的时候我对竞赛一点都不了解，因为初中从来没有接触过，总觉得竞赛就像小学时候周六上的兴趣班一样,大家都去,所以自己也就去了。那时我丝毫没有意识到专注于一科竞赛所需的努力和辛苦,但这也是阴差阳错的魅力吧,竞赛让我的高中更充实,也更不一样。

每人限报两科,我选了化学和生物。这个决定现在看来不怎么明智,因为对竞赛来说,数学和物理比较纵深,而化学和生物比较宽,也就是涉及的东西太多。譬如生物就包含植物生理、动物生理、动物行为、细胞生物学、遗传学、生态学、微生物学、分类学,等等。如果一科纵深一科拓宽还不会太辛苦,而两科都拓宽真的有点吃不消。当然了我一点都不后悔为生物和化学付出了这么多感情,不过让我再选一次的话,或许我会选一门数学,因为一直觉得数学很有意思却没有时间和精力钻研,至于化学和生物嘛……现在想来放弃哪一门都还是舍不得。

高中的确课业负担很重,语数外理化生政史地统共九门课,每门都还好,但乘以九还是很可观的。在这种情况下留给竞赛的时间并没有很多,所以才会说竞赛是给学有余力的同学准备的。而且两门竞赛会有个偏重,我个人更偏化学一些,因为当时战友很多,很有学习气氛。当然,也有同学一头扎在竞赛里,譬如很多数学物理"大神"的语文和英语都特别差。直到现在,我也无法明确说竞赛跟高考谁更重要,这涉及大家一直在讨论的综合型人才和专业型人才的问题。当然,走哪条路都有可能落马,你要自己进行选择。

竞赛的学习时间是在课堂学习之外的,这使我高二一年变得无比紧张。学校一周有六天的课,其中有两到三个晚上要上化学竞赛课,礼拜天上午是化学竞赛课,下午是生物竞赛课,也就是说一周要上七天的课。加之我又是住校,所以回家变成了非常困难的事。那时父母几乎每个礼拜都会来学校看我,但几乎只能在中午的时间吃个午餐,因为下午还有紧张的课,所以我们连更多说话的时间也没有。

竞赛教给我很多东西,但回顾这三年竞赛学习路,还是有很多遗憾的地方。因为课时很紧,几乎大学学一个学期的生物课程老师会安排在四次课内讲完。幻灯片哗哗地放,一节课有时多则几百张,手下不停地在记在画,眼睛要看幻灯片也要看黑板,耳朵要听老师在说什么,大脑飞速转着像个陀螺,不停地理解思考。化学和生物都非常需要时间复习,像这样上完课以后回去还要用大量时间去消化。我不敢说我确实付出了百分百的精力,但我真的尽力了。在所有的竞赛考试结束后,由于我不太系统的复习,那满腔的热情和坚持也有点倦怠了。

虽然这忙碌的三年还有遗憾,但看到这些厚厚的书还有那个闪亮亮的生物奖杯时,总会想起那段奋斗,那段拼搏,心里不禁涌起沉甸甸的满足感。

云在青山月在天

高中课业很繁重。上体育课的时候经常有人会躲在教室写作业;吃饭不求美味只求快速,大有食不知味的感觉;自习室里有人上厕所时都会一路小跑只为了节省几分钟。在繁重的课业下,成绩不好压力很大,总会抓紧一切时间拼命学习。也总有一些"大神"学得很好也玩得很好,晚上早早睡,从来见不到午夜时分的月亮。不必怀疑不必嫉妒,我是个普通人,我就讲普通人的生活。

我也逃过体育课,躲在教室里和大家一起写作业。但后来才发现其实一节课写不了什么,大家说说话,翻翻书,下课铃很快就响起了。也渐渐地发现,其实体育课上大家打打羽毛球排球是非常开心的事,所以后来的体育课我是全勤,偶尔放学还会和同学在操场跑步,运动是让人放松的事。有时候会跑很远和同学吃顿大餐,晚上睡前会玩手机会看小说,宿舍熄灯后总要开开卧谈会天南海北地聊。去看电影,去唱歌,去爬山,也是一种调剂。最重要的是要有一种放松的心情,万不可让学习成了框住你的牢笼,外面的天地很广阔。

万水千山走遍

我从初三开始就住校了所以一直很独立。成绩很好做事也都稳妥,不让我的父母操心。妈妈总问我想不想他们想不想家,我说想,但心里却没有很强烈的念头,就是一直淡淡地、淡淡地。也许是因为一直在学校太忙了,爸爸妈妈也不像别人的父母那样宠我。其他在西安上学的小孩,每周回家都是爸爸做专车司机,我则一个人风里来雨里去在学校和家之间奔走了三年。别家小孩在西安的学校附近租房子,妈妈来照顾,烧好吃的饭菜。我吧……住校的生活其实挺好。我不羡慕因为我家一直是这样。爸妈都希望我早日独立。我有时觉得我独立太早,没有那么深的依赖。但有时夜里情绪泛滥,还是会在和家里的电话里哭得一塌糊涂。只有和爸妈在一起我才能全心全意当个小孩。譬如出去旅游,跟同学一起的话无论对方是谁,我一定是大家伙里最替人操心那一个;但和爸爸妈妈在一起真的是什么都不管只管玩。还是跟爸妈在一起好,还是妈妈做饭最香。因为保送而得来的和爸妈在一起的时间我很珍惜。去北京的路我本来想一个人走,可是爸爸妈妈说要去,我觉得真好。

万水千山走遍,一片冰心在玉壶。

滚滚红尘

还有七天,火车就要开了。

我要告别故乡,告别稚嫩的岁月,告别熟悉的生活,告别和爸爸妈妈在一起的日子。

我要背上行囊踏上北京的土地,去呼吸北大深厚的气韵。

也算是一场特别的旅行,一种另类的北漂。

自此,各自奔向滚滚红尘,义无反顾,愿未来有光。

关于生物竞赛的一切

"生物竞赛是最难的竞赛,因为它最苦,最累,要学的东西最多;生物竞赛也是最简单的竞赛,因为它是唯一一门只要努力就一定能取得成就的竞赛。"

姓　　名:王天娇

录取院系:经济学院

毕业中学:北京师范大学附属实验中学

获奖情况:2012年全国中学生生物学竞赛省级赛区一等奖

　　　　　第22届"希望杯"数学竞赛优胜奖

　　　　　高一创新人才杯物理竞赛二等奖

　　　　　高一创新人才杯数学竞赛三等奖

　　　　　高一物理力学竞赛预赛三等奖

前言

"生物竞赛是最难的竞赛,因为它最苦,最累,要学的东西最多;生物竞赛也是最简单的竞赛,因为它是唯一一门只要努力就一定能取得成就的竞赛。"

这是我的老师说过的一句话,它非常触动我,要形容生物竞赛,我认为没有比这更贴切的了。

生物竞赛难在哪儿?

我认为生物竞赛是最锻炼意志力的一门竞赛。

生物竞赛的一大特点是课本又多又厚。12本厚度堪比砖头的大学教程,摞在一起能高于一米,随便带一本放到包里都能充当防身武器。有一次我不慎将放在桌面上的《普通生物学》碰落,膝盖处立刻磕青一片,疼得我"怒骂"陈阅增老先生,怪只能怪他学识太渊博,写出来的书能当凶器。这还只是课本,且不提刷题阶段一晚100页的盛况,还有众多近千页的题库、习题集等待你把它们做完……

再来细看一下这12门课程,无脊椎动物学、动物生理学、植物解剖学、微生物学、生物化学……非常遗憾,这些课程基本需要你从零学起,且与高考的契合度很小,一个外行人翻开我们的课本和翻开天书差不多,这也是许多人对生物竞赛望而却步的原因之一。

另外,因生物竞赛规模不如另外四大竞赛,一般学校没有可以讲授全部12门课程的老师,我们需要上全市统一的大课。相信在大部分备考同学的生物竞赛日程表里,每周只有周日一天可以用于休息放松,然而无情的市课却剥夺了考生仅存的睡懒觉的机会。两三百人的偌大教室意味着早晨8:30开始的课最晚8:00就要到,还需不时上演众人合作抢座位的戏码,否则一天课上完恐怕你都不知道老师长啥样。坐定后,老师将会开始七八个小时的课程,中午也只有不到一小时的午餐时间可以休息。如此高强度导致一到下午,教室里昏昏欲睡者有之,埋头玩手机者有之,交头接耳说笑者有之,而你必须做到无视他们,坚持认真听讲记笔记。经过一天各类知识的狂轰滥炸,估计到下课时你已经满耳回音,头昏脑涨了。此时你还不能松懈,因为你学到的知识还未消化,需要回家后仔细梳理,复习整理笔记……

综上所述,生物竞赛的含金量不比其他竞赛低,学习生物竞赛更绝不是一件轻松事啊!

生物竞赛简单在哪儿?

每个学校都有些竞赛天才,他们仿佛闭着眼睛都能算出那些你看都

关于生物竞赛的一切

看不懂的题,而更令你羡慕嫉妒恨的是,你逐渐地发现,他们的这种能力无论你怎么努力也学不来。感到沮丧吗?不公吗?认为自己注定与竞赛无缘吗?别急,试试生物竞赛吧。

在我的观察中,我所在的中学每年各大竞赛的获奖名单里,往往鲜有女生的名字,唯独生物竞赛例外。在这里,不需要天分,不需要强大的理科思维,题目没有大量的计算,而是清一色的选择题。只要你踏踏实实地背诵应掌握的内容,并进行大量题目的训练,你的竞赛成绩就一定会提高。没有学过数学、物理竞赛的内容不会对你生物竞赛的学习有任何影响,哪怕你是文科生,只要踏实细心,认真努力,都有冲击一等奖的实力。

生物竞赛更是一门很有趣的竞赛。

与数学、物理等竞赛需要学生每天坐在教室里计算着单调枯燥的题目不同,生物竞赛的课程新颖而多样。例如无脊椎动物学、脊椎动物学等,老师讲解时配了大量的图片,对我来说和看《动物世界》差不多。讲到植物学课程时,老师则带我们去了植物园,近距离观察各类不同的花草,并亲手解剖它们。这些课程不但可提升竞赛知识,还可以当成日常课业外的放松。

学生物竞赛的同学并不像许多人想象的那样,成天与那些烦人的生化反应方程式,或是恶心的微生物、虫子等打交道。生物竞赛的许多内容就像科普知识一样。例如,能光合作用的不只是植物,眼虫也行。一动不动的都是植物吗?错了。珊瑚、海葵、海仙人掌都是动物。水松、金松是杉树,而云杉、冷杉、银杉是松树。下蛋的母鸡能变成打鸣的公鸡,是因为它内分泌失调了……学了生物竞赛,以后可以在家人朋友面前露一手了。

有些题目甚至很实用,例如这道:假如你不幸沦落孤岛,岛上只有能挤奶的奶牛和供牛吃的麦子,你怎么做才能活得最长呢?许多人初见题目都本着一切生物都平等和可持续发展的原则,回答喂牛吃麦子,自己喝牛奶过活。这时,我们"生物竞赛党"就可以笑而不语了。生物只要存活,就一定会通过呼吸作用不可避免地使一部分能量流失。因此,我们应当残忍地在第一时间把牛杀掉吃肉!

像上述那样有趣的例子在生物竞赛众多的课程和题目中还有很多,学弟学妹们不要畏惧,一起来发掘吧!

学习生物竞赛有什么诀窍?

1. 小组合作很重要

高一时,我还仅仅是对生物竞赛略感兴趣,抱着试试看的态度来听课,对各门课程仅懂皮毛。真正下定决心奋战生物竞赛是在高一的暑假,此时离高二5月份的竞赛仅有9个月的时间。在如此短的时间内记住浩瀚如海的知识,仅凭一人之力是绝对不够的。

我所在的中学共32人参加了生物竞赛班,早在高一,一些入门的课程刚刚开始时,老师就将我们按四五个人一组分成了众多小组。高一时,小组的作用主要是共享资源。毕竟生物竞赛课本众多,若人手一套,花费金钱多不说,一个人也不可能同时看那么多书,无形中浪费了资源。因此我们除了《奥赛经典》等最基本的课本人手一本外,其余专业书是大家一起去买,统一储存在班级里,并制订好计划,每个人按次序借阅学习。这样做还能起到督促的作用:一般每个人可以拥有一本书的时间不会超过一两周,当想到不论是否按进度看完需学习的内容,书都要很快拱手让给别人时,大家都会自觉地抓紧时间完成学习任务。

到了高二,我们陆陆续续进入了刷题阶段,小组的作用就更加明显。市面上各式的参考书非常多,网上的题库更是多如牛毛,然而这些题大多无答案,或答案不太"靠谱"——选择题答案仅有一个字母,且遍布错误答案。若仅仅是将这些题做一遍,对一遍答案,可以说几乎没用。它们在你脑中留下的印象会非常浅,且大多数题你只是一知半解。可是如果所有题都在网上、书上仔细查清楚弄明白,时间又远远不够。小组的好处便体现在这里了。我所在的小组一般周末约定好下周大家统一做的题目,然后每个人领取不同的分工。比如共 50 页题,5 人一小组,那么就一人负责 10 页,把自己负责的部分完全搞懂,其余不会的只需标注出来,等到下次小组活动时互相答疑。

另外,我所在的小组在每一次市课结束后统一过一遍老师讲的内容,帮大家梳理清楚。我们还建立了一个飞信群,大家有不会的问题都发到群里,众人合力解答……总之小组合作的好处非常大。

2. 刷题技巧

许多人企图以刷题数量多取胜,但即便你题目见得再多,想从众多纷杂的题目中撞到考试的真题,还是难如大海捞针,且印象不深刻容易记错、混淆,无谓地浪费了精力。因此,题目做得精才是最关键的。我学习生物竞赛的过程中,只使用过一套习题书《精英教案》,其他的除了老师统一布置的作业外我没有再刷过别的题。但我非常看重历年的真题,因为它们才是出自命题老师之手,与考题相类似甚至相同的可能性比那些不知名的题目要大得多。

从 2000 年到 2011 年的所有真题我做过很多遍,每一道题的每个选项都仔细研究过,错误的选项还要明白错在哪里。从中我发现了一些规律,例如每年都会考至少一道遗传的计算题,那么我就把这块内容彻底做明白,确保拿到这个分数。再比如生物化学的课本虽然很难,但考题往往考一些较为基础的东西,那么我就不用把书上的每个方程式都背下来,而着重背诵一些基础重点内容。真题做多了,有时一看某个选项便知它不是正确答案……

夸张一点地说,如果题目足够经典,一道题做一百遍,比一百道题做一遍要有用得多。

3. 答疑很关键

我有一个随身携带的答疑本,平时在书中或做题中碰到的任何问题,我都会立刻记下来，因为这些一闪而过的想法常常非常重要，却很容易溜走。等问题积攒到一定数量，我再统一翻书或是上网查找答案，避免浪费时间和精力。

另外，我在上完市课后会主动向授课的老师要他们的联系方式。有时遇到很难解决的问题时，与其自己在网上、书上无方向地查找，不如给这些专家级的老师打电话、发短信咨询，老师们都会很热心帮助你的。

备战生物竞赛应有怎样的心态？

1. 初期

最初的几个月正是打下基础的关键时期，我们一定要好好把握，才能让自己在后段冲刺时激发出更多潜能。

备考过程中一定不要欺骗自己，我懂了就是懂了，没懂就要努力把它搞懂。不懂不可怕，不懂装懂最可怕。

高二上学期中旬，我们生物竞赛班开始每周统一做一套真题或模拟题，自己订正，老师排名，再统一讲解。这样掐着时间、有人监考的全真模拟练习，既可以让我们体会到真正考试时的紧张感、压迫感，又能让老师了解每个人在不同时间段的水平。

记得我们第一次做的是2010年的真题，满分150分我只得了78分，虽然心中略有不甘，但想到是第一次便觉得可以接受。没想到报分的时候，周围同学一片九十几分，甚至有一百多分的，要知道那年一等奖分数线都不到九十分。结果，我成了班里的倒数。心有不甘的同时，我下决心要把自己不会的题都弄明白。

后来想想，那时候对自己的真诚态度，对我获奖起到了至关重要的作用。我在比较中看清了自己的真实水平，找到了自己的漏洞以及和他人的差距，并有目标地追赶；而假若我欺骗了自己，也许能享受到一时的快乐与满足，长此以往却会在不知不觉中变得骄傲自满，甚至迷失了自己……

2. 后期

有句话说得好,"岂能尽如人意,但求无愧于心",我一直将其奉为圭臬。

生物竞赛题型单一,既是它的好处,却也难免令备考者感到单调乏味,尤其是刷题阶段一天要做上千道题,许多人会面临放弃与坚持的抉择,这就是考验意志力的时候了。想想得到一等奖,保送北大清华时的荣耀与幸福,这点苦痛又算得了什么?用自己强大的意志力将浮躁的心压下,终有一天你会苦尽甘来。

无论当初接触生物竞赛的初衷是多么的简单纯净,多么的不带功利性,奋战了这么多月的我们,每个人心里都不可避免地有了对成功的渴望。临近考试,因为题目全部是选择题的特点,生物竞赛尤其给人以不确定的感觉。即使你准备得再周全,也可能在考试时连连蒙错;反之,基础一般的考生被成功女神突然垂青的案例亦有之。

成功者毕竟是少数,与其怨天尤人,不如把浮躁的心放回肚子里,踏踏实实地多做一些题,真正做到无愧于心,才能在考场上有个好心态。

上考场时,许多人即使已经非常努力,却仍然感到不安、紧张,甚至在看到试卷时感到自己头脑空空,顿感离准备周全还差得很远。这时,只要想想自己一页页做过的习题集,自己早已翻了不知多少遍的课本,自己背得滚瓜烂熟的笔记……我们已经努力了那么多,成功就应是属于我们的!

生物竞赛究竟带给我们什么?

在尘埃落定的一年后再来写这篇征文,我发现生物竞赛带给我的,远远不止那高考的20分加分,抑或是那保送生的资格。它更是一段回忆,一段我永生难忘的日子。

我将生物竞赛作为消遣是从2010年10月开始的,下定决心为其奋斗是在2011年9月,拼尽全力是在2012年3月,漫长的等待开始于2012年5月13日。这已经快要融入我生命的生物竞赛在出结果的那一天突然被画上句号,令我有些始料未及,也开始品味其中的起承转合。

大约两年前,我所在的竞赛小组形成了每周五在学校食堂开会讨论的惯例。在一片嘈杂中,在摆满饭菜的桌子中间,我们淡定地从包里掏出几台电脑,几本"砖头",几摞卷子;在喝汤夹菜的众人诧异的目光中,淡定地探讨着最近做的题目。

时光飞逝。市课的结束,令我们百感交集。我们欣慰于再也不用在每个周日坐在这里被"洗脑"六七个小时,却也紧张于那个特殊日子的迫近。

复赛前一晚,手机一声接一声地震动——"你一定要得一等奖啊!"——我的同学、好友、亲人,大家都送上了真诚的祝福。看着那一行行短信,我竟抑制不住地想哭。我终于意识到,我与生物竞赛相处的日子就要结束了。我这一辈子也许再也不会在一个周末里拼了命做213页卷子,也许再也不会为了一道题抱着几本书读到夜里两点,也许再也没有这么多人陪着我一起努力,一起追寻梦想了……

有关生物竞赛的一切似乎都落下了帷幕。

可我知道,在浩瀚的知识海洋中看书、刷题、努力拼搏的那些夜晚,打磨掉了我内心的柔软,使我形成了坚忍的性格;和同学们的相处、合作使我收获了友情,学会了团队合作;在高考、课内知识的压迫下,我学会了协调自己的精力,合理安排时间;生物竞赛教会我在今后的日子里相信自己,直面困难——是啊,生物竞赛这么艰难的任务我都闯过来了,我还有什么做不到呢?

生物竞赛使我成长,它使我成为了更好的自己。

结束语

"生物竞赛是最难的竞赛,因为它最苦,最累,要学的东西最多;生物竞赛也是最简单的竞赛,因为它是唯一一门只要努力就一定能取得成就的竞赛。"

命运掌握在自己的手中,成功,只有自己去争取。

自我管理，追求卓越

先制定一个竞赛的一年规划，再把近期的目标制定好。每个阶段的短期目标一定要具体，有时还需要调整，才能逐个去实现。

姓　　名：吴奕增
录取院系：工学院
毕业中学：广东省深圳中学
获奖情况：第29届全国中学生物理竞赛省级赛区一等奖

自我管理，就是指个体对自己的目标、思想、心理和行为等表现进行的管理，自己把自己组织起来，自己管理自己，自己约束自己，自己激励自己，最终实现自我奋斗目标的一个过程。我认为自我管理既是一种自我完善，也是一种自我激励，更是一种自我实现、自我责任感的体现。作为独生子女的一代，时刻将自我管理作为一项基本技能来学习，这无论对我们现在的学习还是将来的生活都有很大的帮助。

目标管理

作为学生，相信每人心中都有一份属于自己未来的蓝图。要想出色地完成学业，最重要的是确立明确的目标，包括短期及长期的目标，对每一项任务、每一天都要进行目标管理，这样才会选对努力的方向，少走弯路，循序渐进，实现目标。

三年前我加入了物理竞赛学习班。高一阶段我各门学科成绩优秀，名列前茅，常常沾沾自喜。但因为对物理竞赛认识不深，只是假期啃啃竞赛书,题目也做得很少,所以导致竞赛成绩不理想。这时身边许多同学已把《金牌教程》的题目都刷了一遍,导致我倍感压力,又有些迷茫。我给自己规定了每周要做三次竞赛题的任务,务必争取在下一届竞赛中获一等奖。计划是贴在墙上了,但要坚持做到就难了。今天是作文要写,明天是英语考试,还有一系列的作业得交,每天锻炼、休息的时间还不能少,萨克斯管训练也不能停,学分积点必须保持在前十名……要兼顾的事情太多了。我曾挣扎了好一段日子,常常感觉力不从心,于是我开始思考,自己的目标到底是什么?该如何分配这有限的时间呢?我向老师和学长请教,终于渐渐地认清物理竞赛努力的方向,明确了自己的目标,并把各门学科的学习时间进行了调整。有些事情不是不去做了,而是要分阶段去做。先制定一个竞赛的一年规划,再把近期的目标制定好。每个阶段的短期目标一定要具体,有时还需要调整,才能逐个去实现。因此我得出了一个经验:明确目标、及早规划将助你做到事半功倍。

心态管理

学习时遇到困难是在所难免的。物理竞赛题目通常难度较大,对能力的要求较高,有时需要用很多的时间才能解出一个题目,这还是常态。眼看还有一道道题目等着我去做完,我心中别提有多着急了!不过幸运的是,在这期间知道了一些增加正能量吸引力的方法——在始终关注自己的目标的同时,要相信别人能做到的自己一定也能做到,并告诉自己正在目标达成的路上!于是我学习调节自己的心态,刻意把自己的频道从"压力山大"转成正面、轻松的心情,一道题做不通、失败,那就从另一角度思考再做,还做不出来,就上网请教,或跟同学讨论、请教老师,再进行更深入、更全面地思考,直到能独立完成。我发现正是这种尝试、失败、再尝试,反复思考、探索的过程,才会清楚自己在对物理概念、原理的理解和灵活运用及实践能力等方面存在的问题,才能在分析问题和解决问题的能力上获得突破和提高。我再也不会盲目追求做题数量,而是做适量的典型的习题以掌握一些解题方法,关键要学会融会贯通、举一反三。每完成一个章节的习题,我就觉得自己的能量增加一圈,不断超越自我的感觉真的非常美妙! 由此可见,自我心态管理十分重要,良好的心态会带领我们勇往直前!

习惯管理

养成良好的习惯,我们就可以掌握自己的命运。通过备战物理竞赛,我养成了踏实认真、独立思考、从容淡定的学习习惯,这对其他各门学科也很有帮助。三年来,我的期中、期末考试总分一直保持在班级前列。我的高中学业水平测试成绩均达到 A 等级,高考英语听说考试还拿了满分。我们高三年级的老师常说,让习惯符合规范,让规范成为习惯。只有不断地发现自己不好的习惯,然后在日常生活中尝试一步步改正,最终把好的做法变成自己的习惯,才能不断超越自我。虽然这通常需要比较漫长的过程,需要我们有毅力,但养成良好的习惯确实可以让我们一通百通,这些努力是值得我们付出的。

团队精神管理

当今社会,市场经济越完善,我们可以看到靠个人努力、单打独斗取得成功的可能性就越小。居里夫人、陈景润的时代已难再现,我坚信团队合作的力量是制胜的不二法则。平时我会下意识地多参加学校团队活动,学习与他人合作分享,为实现集体目标付出最大的努力。我还投身于社会志愿者服务中,成为了深圳一名光荣的义工。社会公益活动给了我一个实践、锻炼的平台与机会,让我开阔了视野、提高了沟通能力,懂得了珍惜、感恩与奉献,学会了创新思维、克服困难,也让我在各种实践体验中认识到我还可以更勇敢地展示自我,更自信地去迎接一个个挑战。

关于中学生物理竞赛的一点体会

物理学是一门实验科学,同时它的各个分支都是一个完整的理论体系,都具有完备的数学逻辑,这是物理学的特征,也体现了牛顿的关于物理学是"自然哲学的数学原理"的思想。物理竞赛可以鼓励我们在学好课内知识的基础上深入学习、独立思考,扩大视野并改进学习方法,启迪和开发我们的智力,尤其是在锻炼我们灵活地、创造性地进行科学思维和培养解决问题的能力等方面发挥了很好的作用。不少有难度或技巧性较高的竞赛题,我们可能久思不得其解,一旦迎刃而解,就会有豁然顿悟之感,这种不懈追求真知的精神更将永久受用。但是,物理竞赛是学有余力并对物理有兴趣的高中学生参加的一项课外活动,竞赛题也是为这些学生设计的。如果你学习物理竞赛,《更高更妙的物理》《中学奥林匹克竞赛物理讲座》《中学奥林匹克竞赛物理教程(力学篇)》《中学奥林匹克竞赛物理教程(电磁学篇)》这几本竞赛书是不错的选择,本人是认真钻研过的,基本每道例题、每个练习都没落下。只有脚踏实地地学习,才能收到良好的效果。

在物理实验的学习方面,首先,我认为要认真对待实验中的每一个细节,记下每一个数据;其次,要在实验中学会发现问题,并用学到的理论去解决或解释这些问题;最后,才是学习物理实验的基本知识、基本方法和基本技能。做实验时,我们不仅要动手更需要动脑,既要掌握实验的原理,又要学会用掌握的知识去分析实验现象,解决实验中出现的问题。在理论课中我们做了很多简化假设,使现象简单、公式简明,而实际情况要复杂得多,现象也丰富得多,如何在复杂的现象中去伪存真,去保证满足实验条件,得到好的实验结果是做实验时必须思考的问题。

感谢物理竞赛为我打开了燕园之门,让我深知真正的卓越唯有锲而不舍,百折不挠,持之以恒方能获得!

让我们学会自我管理,通过孜孜不倦地对未知的探索,成为能推动世界前进的人!

竞赛杂感

竞赛会追求更加深入的理解,更加标准以及完备的解释,学生可以接触到最前沿的科学,甚至可以看到科学对科学家探索的反诘,这样接触到的科学远比课本上告诉我们的真实得多,可爱得多。

姓　　名：杨　晨
录取院系：地球与空间学院地球化学
毕业中学：山西大学附属中学
获奖情况：2013年全国高中学生化学竞赛省级赛区一等奖
　　　　　全国高中学生化学竞赛二等奖

从"不归路"谈起

我的一位化学老师有一次曾谈起,"竞赛就是一条不归路"。他并非一个十分悲观的人,他留给我的印象甚至是活泼开朗的,因此我一直不很理解他对于竞赛为何如此悲观。之后,我考过了省级赛区的考试,考过了省选,也参加了国赛。有的成绩不错,有的让自己无可奈何。终于,对于这句话,似乎可以理解一些了。竞赛与高考相比,不确定性更大,题目的范围更广,选择性更多,考生备考自然也就更加艰难。会有很多人只看到了参加竞赛的学子站在领奖台上的荣耀,对于他们备考的艰辛却不了解。只有真正接触竞赛的考生以及讲授竞赛课的老师,才能真正体会到竞赛的全部——拥有成功的欢愉和失败的痛苦,这样的竞赛才不是片面的。

记得高考结束之后曾和那位老师一起聊天。我又一次劝说他去带下一届的竞赛,他再一次拒绝并说出了自己内心的想法。他说竞赛相较于高考而言,能取得一个好成绩的几率太小了。诚然,竞赛可以对高考产生相当的帮助,但单科的帮助与由学习竞赛而引起的多科知识的漏洞比起来,未必是值得庆幸的。而且高考会有很多机会,毕竟每一位参加高考的同学都会有机会进入大学,而且机会大致相等,但竞赛每个省只有大约三十人有机会通过竞赛实现自己考入理想大学的目标,以后可能会更少。每位参加竞赛的同学都认为自己有可能是那少数佼佼者其中的一名,这样的心理可能和赌博类似。他不愿看着他的学生深陷其中难以自拔,所以才会得出"竞赛就是一条不归路"这样悲壮的结论。当然我亲眼目睹过许多本该取得更优异成绩的同学失误,所以那位老师的"不归路",虽偏激,但并非毫无道理。对于大多数学子而言,参加竞赛所要承担的风险比高考更大,压力也会更大。

虽千万人,吾往矣

即便是要承受高压力高风险,我本人却是竞赛的狂热追崇者。虽然我参加竞赛的成绩也一直不很完满,但每一次回想,假如我有重新选择的机会,我的选择也一定还会是竞赛。我固然承认竞赛是不完美的,但完美只会存在于柏拉图的理想国之中,就连生命本身都并非是完美的,又何必强求其他事物呢?何况竞赛本身对于学生一些特定品质的培养是高考和课内学习所不具备的。

第一,对于科学的执着追求。由于要适应大部分学生的学习,中学课程的设置会在一些问题的解答上选择妥协。竞赛会追求更加深入的理解,更加标准以及完备的解释,学生可以接触到最前沿的科学,甚至可以看到科学对科学家探索的反诘,这样接触到的科学远比课本上告诉我们的真实得多,可爱得多。这样更多学生才会去努力追求科学。

第二,勇于克服困难的品质。与高考相比较,竞赛要接触更加高端的知识,学习的难度自然也会加大许多。在学习过程中,也会遇到更多的困难。在这样的训练下,勇于克服困难的能力会得到不断提升。这样在以后的学习生活中,克服困难会更加轻车熟路。

第三,自主学习能力的培养。竞赛是在老师有限的指导下进行的,对于学生的自主学习能力要求很高。这样从中学开始,学生的自主学习就会占到相当比例的时间,进入到大学校园后,便能够更快地适应大学的生活学习。而且,竞赛需要学生对于知识的深入理解而非浅尝辄止,这样仅仅依靠老师的讲解是不够的,还需要自己对于知识的反复切磋琢磨。这样的过程是培养自主学习能力所不可或缺的。

第四,对于学习的整体设计与安排。每一位参加过竞赛的学生,可能都或多或少地被如何兼顾课内学习与竞赛这个问题所困扰过。即使是疯狂痴迷于竞赛的学生,也不得不面对这个现实存在的问题,将竞赛与课内学习的关系合理地安排好就变得极其重要。如果没有办法解决好这个问题,不论是课内学习还是竞赛都难以取得理想的成绩。也正因此,可能经过竞赛经历的学生对全局的把握会更加准确。

第五,学习效率的提高。参加竞赛的学生需要在与别人相同的时间内完成大约两倍甚至更多的学习任务,所以必须寻求更好的解决方法,而不仅仅是挑灯夜读,单纯地增加学习时间。由此,不论是课内学习还是竞赛,学生的学习效率就必然会得到较大的提升。同时,严谨、认真等一系列学习品质也会养成。

第六,培养合作能力。与高考相比,竞赛学习的难度有很大提升,所以仅仅靠自己的努力,在很多时候是力不从心的。这就要求我们能与志同道合的朋友交流,共同讨论,在交流与合作中加深自己对知识的理解,在整个过程中,合作能力会有很大提高。

但更加重要的并不是这些,而是一种经历与体验。就像高考一样,就像人生其他一切或美好或痛苦的经历一样,是一种宝贵的人生财富。

在竞赛的学习中，我付出了更多的辛勤努力，我变得更加有毅力，我可以为一道题而花去整整一天甚至几天的时间，我接触到了课内学习中从来不会接触到的美丽而又严谨的科学，我看到了自然对种种物理及化学定理的反诘，我经历了推导那些曾被奉为"圣经"的公式的曼妙的过程。竞赛重要的是体验与经历，而并非最后的结果。并不是每一位参加竞赛的学生都能够取得自己理想的成绩，但是每一位参加竞赛的学生都会有一段属于自己的美好的经历与温暖的回忆。我们都为了自己对于科学的热爱而坚持过，也都或多或少地忽略了他人的看法，只为了心中的那份真挚的热爱而执着，忽略了一切功利的想法，只是因为自己真正热爱过这美好的科学。

谈谈方法

不论怎样，都经历了三年的竞赛，可能最后的成绩并不是很理想，我就只谈谈我对自己所经历的那段时光的总结吧。

第一，树立正确的目标。参加竞赛一定是因为对于某门科目极为迷恋，倘若仅仅是因为竞赛可以得到保送，那最后可能只会适得其反，非但竞赛没有办法得到好成绩，可能课内的学习成绩也会因此下滑。如果极端一点说"一天不吃饭可以，一天不学竞赛不行"，这样的学生可能更加适于学习竞赛。

第二，要重视对知识的理解。诚然，做题，是在短时间内迅速提高成绩的一种屡试不爽的方法，但仅仅依靠做题会很难建立对于知识的全面而深刻的理解与体会。很多情况下，做题只能达到会做题的目的，却很难进一步对知识有深刻的理解。所以要多读基本的教材，反复阅读，再加上适当的题目练习，才有可能对知识建立全面而深刻的理解。无机化学方面，傅鹰先生的《大学普通化学》是极佳的选择。傅鹰先生不仅仅在介绍知识，更试图用一些个人的方式对于知识作出自己的解释，对加深我们的理解帮助极大。有机化学方面，就没有什么可说的了，邢先生的《基础有机化学》自然是不二之选。物理化学方面,沈文霞等先生编的《物理化学》虽然难,但看明白了之后会有豁然开朗之感。分析化学方面,李克安先生的《分析化学》讲得很透彻,推导很详细。结构化学方面,周公度、段连运先生的《结构化学基础》和麦松伟、周公度先生的《高等无机结构化学》,足以满足结构化学方面的全部知识需求。

第三,辅助以适当的题目练习。题海固然是不可取的,但做题太少似乎也不大合适。题目可以起到至少两个作用:其一,巩固已理解的知识;其二,指明隐含在描述知识的语言中的细节。所以必要的题目练习还是不可或缺的,但大量的重复就不十分必要了。

第四,课内学习不论时间还是成绩都应该保持在一定的水准之上,不可完全荒废。记得刚上高中时,有位学长在介绍学习经验时,痛彻心扉地对我们说过"竞赛不是荒废课内学习的借口",我们当时都不理解,只是记下了这句话,然后抛之脑后。等考过之后又想起了这句话,真是感慨万分。课内学习的意义不仅仅在于请假之类的琐事,更重要的是课内成绩保持在一定的水准之上,考竞赛时的压力就会小很多,有利于发挥出自己的正常水平。

第五,要注重与他人的交流。竞赛的难度和知识容量与高考相比都要高出很多,仅仅依靠个人的努力,很多情况下很难取得理想的效果,因此,与同学的交流就必不可少了。与他人交流不仅仅可以加深自己对知识的理解,还能使自己的思维更加严谨,缜密。

月夜随想

  班主任对我们这群迷茫的少年说:"内心强大的人,前途无量。"掷地有声,一字千金。或许竞赛,就是磨砺内心的过程。内心的强大,如蚌中沙,玲珑变珠;如石间种,葱郁成木;如河上鲤,跃然化龙。守住自己的内心,如姑射神人,大泽焚而不热。于是,我坚定了竞赛这条路。

姓 名:罗茂轩
录取院系:化学与分子工程学院
毕业中学:湖南省长沙市长郡中学
获奖情况:第 26 届全国化学竞赛一等奖

  当我从快递员手中接过被包裹得整整齐齐的北大录取通知书时,原本剧烈跳动的心瞬间不可思议地平静下来。夜晚的繁星闪烁注视着我,我注视着手上的这一方物件,想起了三年前的那个阳光灿烂的日子。那时我站在北大的门前,仰望挥挥洒洒的那四个大字,阳光洒在我的脸上,照亮了我金色的梦想。此刻的我,与当年站在北大门口的少年重合,光影交错的是那日的阳光和此时的星光,这一跨迈,便是我的高中,我的三年。

  收好通知书,我躺在屋外的草地上,看着月光轻轻地铺在青瓦上,听着夏虫鸣叫夜的清凉,闻着缱绻在风中的泥土芬芳,思绪不再受书本的桎梏,它飘得很远很远……长夜未央,梦亦未央。

  初入高中,在选择竞赛的小纸条上写下化学时,或许我就已经选择好了和它绑在一起三年甚至更久。就像电影《怦然心动》里的朱莉看到布莱斯的第一眼就喜欢上了他的眼睛一样,我坚定地选择了推开化学的门。

老师说:"竞赛是一条羊肠小道,充满了荆棘,但也存在着光明。"我曾一度在高考和竞赛间徘徊,犹豫不决,难以取舍。我喜欢化学,但又担心我闯不过竞赛失利后的阴影魔障,甚至怀疑自己能否走得下去。

那个和风微醺的午后,班主任对我们这群迷茫的少年说:"内心强大的人,前途无量。"掷地有声,一字千金。或许竞赛,就是磨砺内心的过程。内心的强大,如蚌中沙,玲珑变珠;如石间种,葱郁成木;如河上鲤,跃然化龙。守住自己的内心,如姑射神人,大泽焚而不热。于是,我坚定了竞赛这条路。今天看来,也许可以说我的选择是正确的,但我觉得选择并不重要,重要的是自信的坚定不移。只要有了内心的强大,无论竞赛,还是高考,我坚信我都会成功!

"每一个不曾起舞的日子,都是对生命的辜负。"而我的"起舞",就是在化学的海洋里遨游。有了自信,我就有了目标,也就有了剑指北大的梦想!

与教练、竞赛组的同学在教室里挥洒青春,迎战备考的日子,是永远闪亮的日子。我想起了每个晚上,教室中亮起的盏盏台灯,在黑暗中散发着永恒的光芒;我想起了每次讨论,我们字斟句酌,少年锐气直冲云霄,谁也不服谁的面红耳赤,以及结论出来后的怡然自得;我想起了每次考试成绩出来后对着试卷的得意与懊恼,还有隐隐的不服气……

化学竞赛的挑战不仅在于所学的都是大学知识,还有它长达数小时的实验。刚开始听课就是一头雾水,但就是凭借一股自信和不服输,硬生生地将大学本科教材啃了下来,再加上习题的练习,倒也掌握得八九不离十,当然这中间还少不了同学的讨论和交流,"他山之石,可以攻玉"。而对于实验,也只能是熟能生巧了,滴加、搅拌、研磨……这些重复了无数遍的动作,深深印在了脑海中,成为了独特的符号。记得那天由于临时加了个任务,导致我们的实验时间延长,一直做到了凌晨一点,空荡荡的校园里,只剩下我们。周围寂静得有些寒意,可是我们没说半句抱怨。这完全是内心的热情在催动。"每一个选择竞赛的孩子,都会觉得这门科目是世上最美的艺术。"我们班主任这样说。当我们笑着走出午夜的校门时,每个人的眼睛,都在灼灼闪光。

最紧张的还是初赛前的那些天,每个人都清楚,所有人都进入省队获得参加决赛的资格那是不可能的,只是每个人都不愿意从这条路上提前撤离。尽管到初赛成绩揭晓后,有的离开了,有的留下了,但至少一起为了同一个梦想奋斗过。在成绩公布后的那个晚上,我们一起在操场上漫步,依旧无拘无束地谈天说地,笑声在风中飘荡,满天的星星也将目光都投向了那个操场,夏日的虫鸣,还有校园里让人陶醉的花香,将那个夜晚衬托得更为美好。离开的祝福留下的,留下的鼓励离开的,一起学习、一起休憩的岁月里积淀下来的情谊喷薄而发。而我看到,我们的教练,那位已经让苍老爬上了鬓角的慈师,就在不远处的教学楼凝望着我们,如同看着自己的孩子,回想着自己过去的岁月……"我们跑几个圈吧!"有人这样提议,于是我们开始迈开了脚步,小跑起来,似乎一切烦恼都随着脚步声飘散开来。昏黄的路灯看着我们的影子由长变短,由短变长,然后消失在了阴影中,就像有过的失落。当结果未出来时,我们奋力一搏,谁也不让,当结果出来时,我们坦然面对,衷心祝福,这就是在青春正茂的时候,最为感动的地方……

"而今听雨僧庐下",或许这就是竞赛路上所必须忍受的孤独。知识的掌握,题目的解决,考试的应对……这些都只能靠你自己,在残酷的竞争中,依靠的是自己的力量。但经历过了才知道,竞赛带来的,不仅仅是知识的拓展,更是孤独内心的强大,还有周围人流淌过来的一痕光。虽仅一痕,然可熠熠,足矣!

我有幸留下继续竞赛,当一起奋斗的人渐渐减少直至只剩下我时,我对这种孤独的认识越发的深刻。寂静的夜晚,偌大的教室,仅有我桌前的台灯在孤芳自赏,我习惯性开口询问,却只有我的声音在回荡。"做个内心强大的人!"我始终铭记这句话,越到孤独时,越能磨炼心性。畏惧孤独,不如享受孤独,让它的深沉引领我内心的平静。

　　到现在我还依然在想,如果没有选择竞赛会是怎么样。也许我体会不到这种孤独,也许我将收获迥异的高中,甚至我或许没有机会写这篇文章。"生活就像一盒巧克力,你永远不知道下一块会是什么味道。"无论如何,已经走了下来,正如《林中路》所说:"一片树林里分出两条路,而我选了人迹更少的一条,从此决定了我一生的道路。"

　　周遭的蝉鸣声让我仿佛又听到了那熟悉的铃声,似乎在向那回不去的时光致敬。过往的记忆像凝固的冰,包裹了太多太多。我想念那烈日炙烤下塑胶跑道特有的气味,我想念那悠悠白云下高耸的教学楼,我想念那些人,那些事,那些年,那些为梦想而简单的日子。人就是这么矛盾,那年夏天我们无比憧憬大学,今年夏天,我们无比怀念那年。孤独也好,煎熬也罢,都是乐谱上的音符,跃踔不止,在心深处奏响。

永远向前的竞赛路

每个学科,都有独特的意义,但学懂需要的是用心学而不一定是死记硬背。例如地理这门学科,自然和人文相互影响,不同的气候、水文、地形、植被条件造就了不同的交通、经济、政治和文化。理解了这些基本的思想,很多学科其实不用花太多时间,基本上课好好听一听就能获得一个不错的成绩。

姓　　名:彭泽昀

录取院系:元培学院

毕业中学:北京景山学校

获奖情况:第 28 届全国中学生物理竞赛省级赛区一等奖

第 29 届全国中学生物理竞赛省级赛区一等奖

第 29 届全国中学生物理竞赛二等奖

2011 年全国高中数学联赛二等奖

2012 年全国高中数学联赛一等奖

2013 年中国数学奥林匹克二等奖

不知不觉间,我已度过了三年美好的高中生活。在即将步入北京大学之时,我很高兴能有机会记录下我对竞赛的思考。

初与竞赛相识

我是从初中开始真正接触竞赛的。那时我进入了实验班,老师每天都会安排一道课外题作为拓展训练,既是出于对答案的渴望,也是出于责任意识,我坚持每次都要把题做出来,从此我便开始了自己的竞赛之路。那段时光里,我最盼望的事情就是每周五晚上和几个朋友一起上竞赛课。

虽然这占用了可能本该属于游戏的时间,但却让我感到了生活的充实:地铁上和朋友们聊聊天,谈谈各种有趣甚至怪诞的事,上课前抓紧时间吃完饭打一会儿牌、下下棋,拿到讲义后比着谁做得快……虽然每一次课都不能说完全认真地听了下来,但每节课都有收获,也有快乐。

就这样到了八年级,我们已经学完了初中数学(含竞赛)的知识。虽然也没感觉占用多少时间,但似乎却比其他同学多学了很多。之后我也一直保持着"多学一点"的态度,在竞赛的道路上越走越远。

我一直觉得竞赛是一片自由的天空,让学有余力的人发挥自己的潜能,让志同道合的人相知相识、碰撞出思想的火花。

竞赛是一种态度

有些人说竞赛累,但我不以为然。竞赛是课余生活的一部分,没有强制性,更不需要用题海战术把自己累得半死。课内负担轻时上上竞赛课,多做会儿题,负担重时就缓一缓,抽空看两眼就好。最重要的是保持对知识的兴趣,有兴趣才能在竞赛的道路上感到快乐、走得更远。很多时候,竞赛对我来说就像是一种爱好,现在看到一道有趣的题目,哪怕它用的是几年前就学过的知识,也会忍不住去做一做,就好像又回到了那拼搏、激情的日子里。

到了九年级,我花在竞赛上的时间少了,但并没有放弃进一步的学习——我开始自学高中数学和物理的课程。有了初中数学竞赛知识的积淀,养成了自主深入学习的习惯,高中课本内的知识几乎就是小菜一碟,一本本书的精华,反而成为了那枯燥复习的九年级中最新鲜的事情。

这里,我很想感谢学校、老师和父母对这种自主学习的宽容,相对于传闻中有的地方对中考的全力投入,我更喜欢这种真正的有收获的学习。可以说,竞赛给了我进步的空间,而自由给了我进步的时间。这里我也很想对学弟学妹说:要选择适合自己的学校而不必强求"最好的"。

其实,在高中学竞赛是件很艰难的事,高考的压力和竞赛的不确定性加大了选择竞赛的风险。同时,权衡课内学习和竞赛学习的时间关系,对任何一项竞赛而言都是一个重要的问题。我认为,高中的知识大多还是素质教育的范畴,即使是高考不考的史、地、政,对一个生活在现代社会中的人而言都是有重要意义的。不读史无以鉴今,知地理可以让人行天下,政治更是每个社会人不能摆脱的,更不用说英语这样的应用学科。学懂每个学科,都有独特的意义,但学懂需要的是用心学而不一定是死记硬背。例如地理这门学科,自然和人文相互影响,不同的气候、水文、地形、植被条件造就了不同的交通、经济、政治和文化。理解了这些基本的思想,很多学科其实不用花太多时间,基本上课好好听一听就能获得一个不错的成绩。在上文化课的时候少想一会儿竞赛,就能在更需要时间的时候多一份自由。

在高中,对于竞赛的残酷我其实没有什么很深的感受,我几乎一直是在和比我大一届的学长们一起准备竞赛,相对而言压力小了很多,取得的成绩也较好,不得不说早学一步的确能减轻不少压力。

初碰高中物理竞赛,我发现与初中的数学竞赛不同,它更贴近课内,用到的原理就是课内的原理,最多是课内知识的扩展或是深入。这让物理竞赛更容易上手,也更加实用(不论是高考还是生活中)。这些原因让我逐渐喜爱上了物理竞赛。

竞赛路

高一是打基础的时间,我只是在上半学年参加了一个数学联赛,感受了一下高中竞赛。虽然什么奖也没有得到,但亲身感受的经历其实也是不可多得的财富。高中理科主要的几个学科都有全国性的大型奥林匹克竞赛,取得非常优异的成绩的同学甚至会入选国家队参加国际竞赛。优异成绩的吸引,让每个参加竞赛的人都可能会在前一天晚上睡不着觉,3

个小时甚至更长时间的考试,令没有思路的人煎熬难耐,让有思路的人一边奋笔疾书,一边担心时间是否够用。随着考试结束铃声的响起,仿佛世界和过去都已离我们而去,整个人像被掏空了一样。假若没有良好的心理素质,竞赛学习是很难坚持下来的。

竞赛不仅仅是知识的比拼,更是心理、性格上全方位的比拼,在竞赛中保持良好的心态是非常重要的。固然竞赛中对灵感和思维的活跃程度的要求较课内学习更多,但依旧需要平稳、仔细。很多同学愿意学并能学好一科竞赛,但该科课内部分的考试成绩却不是很理想,就是因为静不下来,不仔细;真正到竞赛时,他们又会因为各种各样"小失误"而惨遭淘汰,两头均失利。我想这些看似的不幸,实际上是性格引起的必然。平时我们就一定要重视小错误,注意加强细致及心理上的训练,这对课内学习、竞赛学习以及个人的进步都会有好处。能学好课内知识点就会多一份保障,竞赛依旧是一种兴趣,是课余的,很难保证能取得什么样的成就,将大部分时间放在竞赛上而抛弃课内并不是明智的选择。

高中时间分配

再来说说高中大体上的时间分配,我的高一竞赛就是按部就班地学,每周一节课,不占用课内上课或写作业的时间。课内学习上争取打好基础,为之后的学习减轻负担,并给各科老师都留下个好印象。高一基本上是高中学科最多的时候,有音乐、通用技术等,也有史、地、政最主体的部分,初次接触高中生活的同学们,也需要一段时间来适应,结识新朋友。这个时期可能还会遇到本地区高一年级的竞赛,大家也可以借这个机会认识下其他学校的"竞赛党",交流交流,应该会获益匪浅。高一末的暑假和高二上半学期是竞赛中比较关键的一段时间。这是一段可以冲刺的时间,但建议最好只占用该科,或你比较强且自学过的理科的时间,毕竟高二课内还在往前推进度,落下进度的科目想再赶回来不太容易。基本上,高中竞赛的知识在高二竞赛前已经可以过一遍了,这时期的竞赛可以认真地拼一拼,检验一下自己还有什么欠缺,注重一下策略,调整心态,为高三最终的竞赛做准备。

考完竞赛,可能有悲伤,可能有喜悦,但是一切已经过去,除了某些"大神"可能有下一步的竞赛要准备,大多数人都应该把重点放回课内。留得青山在不怕没柴烧,高二余下的生活基本在准备会考、课内学习和竞赛查缺补漏、精益求精中度过。到了高三一般就只有几件事了——竞赛、自主招生考试和高考,课内的知识已经学得差不多了,继续参加竞赛的同学把课内学习暂放一两周也没有什么问题,至少这是大多数人高中生活中最后一段为竞赛而奋力拼搏的日子了,不战个痛快岂不遗憾?不过,竞赛之后即将面对的是人生中最重要的分水岭——高考,无论竞赛结果如何,前方的道路还是需要去奋力攀爬。加油吧,竞赛之后高考又算得了什么呢?

竞赛教会我的

最后,再说说竞赛的长远影响。我觉得学竞赛的人最大的优势不在于多学了多少,而在于学竞赛的过程中培养的自主思考的意识。竞赛不是靠老师教、靠题海就能学好。只有自己思考,自己动手尝试才能看到其本质,真正不被问题的形式所困扰。竞赛对我们的自学能力也是一大提高,没有哪个学校的老师可以说自己就能教竞赛中所有的东西,这时各种各样的书籍和论坛就成了知识的源泉。从专门的竞赛书到大学课本,从班里竞赛的同学到贴吧,各处的知识都被获取、汇集,如此培养出的学习能力我相信在大学,乃至以后的生活中都将是宝贵的财富。

竞赛——我与科学恋爱的媒人

无论你现在的成绩如何,与其作无意义的比较,更重要的是超越自己。你不可能是全宇宙的第一,就算是也不会永久。你也许一直努力但无法超越别人,可你一定能超越的,是现在的自己。你难道是在为超越别人而活吗？你有你,值得尊重的价值……

姓　　名：张陆昊
录取院系：城市与环境学院
毕业中学：河南省郑州一中
获奖情况：2013年全国高中学生化学竞赛省级赛区一等奖

成功从失败开始

欢乐,好奇,率真……这是初与竞赛相处时我的简单个性。殊不知我将以这样的个性,去迎接一连串的失败与打击。

从数学课上做不出课堂练习,物理作业无法完成,化学课上成为唯一一位回答不出老师问题的学生;到语文课从未发言,英语考了全班倒数第一……我的心理防线面临全面崩溃。每一次上课都鼓足勇气,但均以失败告终;往往笑着走出教室,却哭着走回寝室。与此同时,初住宿舍的通病——思乡,也使心情坠入低谷。我很清楚,我正在以一个乐观的面具,去掩饰一个脆弱的心灵。

一天晚上,食堂里坐满了家长与学生。几个小时前,我曾"无情"地拒绝父亲前来送饭。而现在,我却在一个角落,默默注视着家长的慈爱,学生的满足与愉悦，我感到鼻子酸酸的。而耳边，则忽地回想起父亲的话来："无论你现在的成绩如何，与其作无意义的比较，更重要的是超越自己。你不可能是全宇宙的第一，就算是也不会永久。你也许一直努力但无法超越别人，可你一定能超越的，是现在的自己。你难道是在为超越别人而活吗？你有你，值得尊重的价值……"走出食堂，迎着昏黄的灯光，一路奔向夜幕中的教学楼，我泪流满面。奔跑着，奔跑着，我感到一股暖流在抚慰我那颗过于绝望的内心：作为开拓者，势必要忍受孤独；作为进取者，势必要保持独立。

迎接挑战，奋勇面对

作为一个独立的存在，在超越中发现自己的价值。我开始以冷静的态度去分析我所遇到的每一个问题，以谦卑的立场去向身边的"大神"请教。高中开学来的第一次考试，年级名次前进了100多名。我逐渐肯定了自己的能力，望见了不断超越的希望。

然而随之，一场更为严重和激烈的冲突在我的脑海中展开——关于我初中以来一直坚持的学习方式——探索式学习，即提出问题、进行猜想、寻求答案、验证猜想、提出问题……如此循环渐进，却与高中应试学习的现状格格不入，这是一场没有硝烟的思想战争。可是如此本能的好奇心，却使我非要解决自己提出的问题，才能安心做练习题不可。曾经有同学夸张地评论我道："她是那种连'碳的相对原子质量是12'都要问为什么的人。"然而，大量的时间和精力，全耗费在了"好奇"这两个字上，以至于遭到了老师的反对，老师的说辞带给我莫大的打击。而在竞赛压力下的成绩停滞，根本是我明晃晃的软肋。那些日子，我痛苦得无法入眠。这是一种对于知识的本能的热情与好奇，是我的坚守，我的良心。而现在，却即将面临被吞没的噩运。

郑州市化学竞赛结束后，我与一等奖无缘，仿佛遭受晴天霹雳。这时的我,终于体会到了"昨夜西风凋碧树。独上高楼,望尽天涯路"的凄惨无奈。

竞赛结果出来的第二天,音乐课上播放了一段肖邦弹奏钢琴的录像。只见他怡然自得,跟着音乐微微摇摆……我呆呆地凝视着肖邦的脸,那样的一种陶醉与满足,已将他的生命与音乐紧紧地连在了一起。那是一种无缘无故、无怨无悔的爱,却赋予了他永远战斗的激情和时刻坚强的信心。我的心头猛然一颤:还记得当初参加竞赛班的理由吗?你的爱迷失了吗?

竞赛的坚持源于对科学的爱

没有对科学纯真的热爱,怎会站上它的顶尖!我曾经如此固执地好奇,痴迷地探索,全全都是源于心底早已扎根的信念:因为爱,所以无法抛弃,无法放弃;因为爱,所以迎难而上,在所不辞。

在教室里和书桌旁,我选择了做题与考试;而在课间、在等红灯的几分钟内,在走路、在吃饭、在排队时,我选择了思考和查阅资料。去食堂、回寝室、去办公室、去商店时我均选择了跑步;向老师和其他学科竞赛的同学借了一些课外书后,节省了我大量思考和询问的时间,解决疑问的效率提高了许多。省级初赛我顺利地拿到了一等奖,竞赛停课前的最后一场考试中,我挤进了班级前五名。

当回忆起这个首次在我的思想界发生的惊天动地的革命时,我想这样告诉正在阅读这篇文章的你:不要盲目追求"大神"们的学习方式——以你爱的方式去学,因为那样最适合你,那样你最快乐。没有任何人的方式是完美的,固有的弊端总是存在,你需要的只不过是加以修整和完善。条条大路通罗马,关键是要坚定走完它,不要彷徨纠结,因为其他的路也一样。

向成功挺进

其他课程暂停,竞赛的全面冲刺开始。扶老师是我们的教练,杜教授是我们的讲师。我朋友越新,将陪伴我走过整个竞赛与保送生涯。竞赛一开始以讲授知识为主,"扶头"讲有机,"老杜"讲无机。"扶头"讲有机时书翻得很快,有些问题来不及细想就要翻页。我干脆把那一页折一个角,用区别于笔记颜色的笔把那句不懂的打个问号。于是"扶头"下课的时候,我经常陪他走出教室又走进教室。对于每一条反应规律我都希望了解它的缘由,每一个有机反应我都希望了解它的机理,因为我觉得这样才记得清楚、记得明白。"扶头"的课因为是在上午,又因为书翻得太快所以很多同学会光荣地"倒下",我本因晚上不熬夜,精力会相对比较充沛,就算这样也招架不住。于是"自残"是我一贯使用的对策,当然,前提是要对自己下狠手,因为这样才能有一种猛然清醒的感觉。

中午我经常留在教室,向各位"大神"们请教问题。我已经习惯放下面子去请教他们任何我不会的问题,获得回答后还要很感激地说声"谢谢"——我只想超越自己。在竞赛的繁重压力下,睡眠也要讲求效率。你必须学会让大脑快速进入一片空白的状态,所有的神经细胞都立即停止工作,直到闹钟把你唤醒。但是,并非是闹钟让我迅速进入学习状态——是越新。我们有个约定:准时集合,然后一起前往"老杜"办公室解惑,几个月来从未间断。我们俩的问题不一样,互相会给予对方很大的启发和鼓励。没听懂的内容,课下还可以互相讲解,从而把请教老师的效率提到最大,但前提是,两个人的合作与信任已达到了炉火纯青、全无保留的地步。然而,也有很多问题浪费了我不少的时间:对于化学反应中的一些现象和规律,目前书本无法给出满意的答复。我却花了很长时间在冥思苦想,试图给出解释,只为了让我学得舒心顺畅。于是乎我又少了很多练习竞赛题的机会。

竞赛——我与科学恋爱的媒人

  现在看来，我当时是太"感情用事"。每一阶段有每一阶段最值得干的事情，现阶段做的事应使其价值最大化。保留你的问题，增强知识储备才是将来解决它的最佳方式。

  每天下午到达班里时，班里的人如凤毛麟角；而答疑解惑回来时，已是人声鼎沸。上"老杜"的课，你必须百分之百精力集中，没有一丝一毫懈怠的理由。就像在站军姿，甚至蚂蚁爬到你的脸上，你也别想把它揪下来。因为竞赛容量大，哪怕只是错过半秒一秒，往后都将处于被动的地位。新的笔记上到处都是圈圈点点的地方，旧的上面到处都是关于这些地方的密密麻麻的小字注解。下课问"大神"，放学追"老杜"，已经变成我的行为习惯。每一次放学，我都"护送"着"老杜"走到公交车站，然后目送他回家。久而久之，与"老杜"的关系也越发亲密起来，不像师生，倒像爷孙了。和"杜爷"众多次的问题讨论中，我完全是在享受竞赛：我们是科学家，我们在发现真理。曾有一次，他语重心长地感慨道："人这一生，哪怕是创造出来了一丁点东西，他呀，就算没白活……"

  随后的竞赛进入了大规模训练试题的阶段。在此期间，我迎来了头脑中的第二次思想革命——从对个例的探索到以统一的、普遍的眼光去分析，提炼出具有普适性和明确性的方法、模式与思维。在成绩时好时坏的波动中，在无数次得意与悲痛中，我逐渐学会了对每一个犯过的错误进行反思，不仅要找到原因，而且要提出切实可行的解决办法，绝不再犯；逐渐培养出了"前提—定理—结论"的严谨逻辑推理习惯，从而克服了经验主义、定式思维的干预；逐渐体会到要将一道题目的答案抽象化，演变成为一种普适性的思维方式应用到更多的题目中去。

  但因为竞赛固有的大容量，只靠一个人的力量是不行的。和越新的相互讨论，带给我的不仅仅是能力的高效提升，还带来了强大的精神支撑。两台发动机，两个内存——我们组合出了一台功能强大的双核机器，在竞赛路上踩足油门加速前进。

在这里，我还想告诉学弟学妹我在竞赛过程中的欠缺：多多地向学长们请教，他们会很热心地告诉你许多值得借鉴的方法、资料。不要觉得会麻烦他们，你只有进步了才能更好地回报他们。但是，如果你的目的是"少走弯路"，那么结果就容易心浮气躁，就算收获到了一点经验也难以付诸实践。个人认为，每个人都根本不可能去避免弯路的存在，如果前途是一马平川，那么人生就谈不上轰轰烈烈。然而，你的前辈们会告诉你怎样高效地在弯道上加速。前提是你要敢于尝试，并且要下决心去努力实践它。

对科学的爱教会我的

不久，我将成为先锋和开拓者，将会冒险探寻，吃苦行军，将注定会经历毫无防备的失败，会因失败而丢脸，会再次痛哭流涕——我一直以为我在为爱而经历，殊不知这经历就是爱本身——成功和失败是它的大名和小名，而它的成长，则叫做传奇。

愿你们的爱与你们同在！

竞赛给我的六点收获

有时候我们看标准答案,觉得某一步是应该顺理成章做到的,但让我们自己想,却未必想得出来。这是因为从已知的信息里挖掘出有价值的东西并不简单,而决定挖金子还是挖钻石更难。因为题目的很多边界条件往往隐藏在题目中间,我们必须按出题者而不是我们自己的角度来理解题目,想别人所想才是编程的关键。

姓　　名:张　彧
录取院系:信息科学技术学院
毕业中学:复旦大学附属中学

在参加竞赛的这几年里,毫无疑问,竞赛使我在各个学科上的知识有了很大拓展。但是我始终认为,真正带领我走进燕园的并不是知识本身,而是在竞赛路上的一点一滴给予我的收获。

好奇心与耐心

要有一颗探索未知事物的好奇心,一份能长时间认真思考问题的耐心。刚开始接触竞赛时,我只是把它作为学校学习的一种拓展,一种辅助的工具。后来,随着知识的增加,我渐渐在难题中体会到了发现与思考的乐趣。我会坐在书桌前,花上三四个小时思考一个问题。当难题最终被攻克时,我会惊讶于结论的简练与完美,感悟到每个条件都给得恰到好处,同时内心还会有一种成就感,就像青山刚昌老师说的:"当读者们苦思冥想终于推理出最后的答案时,那种喜悦和激动是旁人无法理解的。"

我们班有六位计算机竞赛一等奖的保送生,当各个学校来招生面试的老师问他们想进什么专业时,他们毫不犹豫地说是计算机系,原因很简单,就是感兴趣。很庆幸我和我的五位同学,在接触竞赛的过程中真正对编程产生了兴趣,这份好奇心让我们坚持要选我们喜欢的专业,而不是别人喜欢的专业或是这个社会"喜欢"的专业。

深入和严密地思考

所谓"深入",应该是完整的和有逻辑的。要能在脑海里演变过程,在思维里建立实验室,能"眼观四面,耳听八方"。比如从化学的角度,有很多的反应物同时存在于一个体系里面,哪些会反应,哪些先反应,哪些会过量,这些细节都要按顺序考虑清楚。再比如在编程中,要学会像计算机一样思考,要把问题尽量想得严密,但同时又要有能够优化算法的开放性思维。

有时候我们无限接近于正确答案,往往就差三四句话,但就是写不了"得证"这两个字,这感觉就和足球场上临门一脚总是踢不进一样。这种情况不只出现在最后一步,有时候我们看标准答案,觉得某一步是应该顺理成章做到的,但让我们自己想,却未必想得出来。这是因为从已知的信息里挖掘出有价值的东西并不简单,而决定挖金子还是挖钻石更难。

参加计算机竞赛时,一位得过很高名次的学长曾经对我说:"对于一道题,读题的时间要占总体思考时间的60%。"我觉得是有道理的。因为题目的很多边界条件往往隐藏在题目中间,我们必须按出题者而不是我们自己的角度来理解题目,想别人所想才是编程的关键。有的同学会想当然地认为题目里所有的参数都大于"0",结果出题者编了几组有负参数的输入数据,这位同学的程序就出错了。同样的,程序员编的应用程序不是给自己用的,他必须想到用户可能想到的所有情况,如果有一个用户进行了一个他没有考虑到的操作而导致问题,这应该是他的责任。

从更高层面理解知识的思想

比如物理中的楞次定律、化学中的勒沙特列原理和生物中的激素反馈机制,都是在遵循负反馈的原理,从这个角度理解,这些原理就显得很自然。而有一些同学在解决问题时过分追求技巧,这使得写下来的过程非常不自然。技巧是因题而异的,但思想是共通的。

有时候自己正纠结于一个问题,旁边的同学突然漫不经心异想天开地说了一个做法,这个灵光闪现可能就是解开疑问的钥匙。我就曾经在一个同学说的一句其实是错误的话中,找到了我自己平时思考的一个漏洞,从而有了进步。我觉得水平的提升并不总是循序渐进的,有时在我们恍然大悟的瞬间,已经比原来强了很多,因为思想是最有力的武器。

掌握学习方法

我们必须知道老师出这道题是要考我们什么,是书里的哪一个章节,或是上课的哪一张讲义,这样老师的这道题才实现了价值。我在网上看到过一段话:一个农民嫌他的猪太瘦,就天天给猪称重,当然,这是毫无用处的;一位母亲嫌他的儿子太瘦,就天天让儿子称重,儿子明白母亲的用意,就开始多吃多锻炼,渐渐强壮了起来。之所以会造成两种不同的结果,是因为儿子可以理解称重的目的,但是猪不能。题目本身并不是知识的一部分,这也就是为什么很多教材可以举世闻名,但很少有习题集能流传甚广。而如何解题是知识应该也必须教给我们的,所以在学到知识之后,我们需要知道它能考些什么。

我曾经在高一高二的时候作为班干部管理班级晚自修的纪律,那时候一到晚上六点半我就要搬着椅子坐到讲台前。在接受这个任务之前,我觉得维持纪律会降低我在晚自修时的学习效率,但是出人意料的是这段时间里我的效率异常的高。因为坐在讲台前意味着心无旁骛,什么做一会儿玩一会儿,或者发一会儿呆,都是不可能的。所以平常我们就需要给自己这样一个学习氛围(比如图书馆),让自己觉得应该学习。

找到学习与生活的平衡点

我的高中班主任在第一堂课就说:"竞赛是你们生活的一根轴,但你们不能只围着它转。"我也觉得学校生活是需要两根轴的,社团、体育锻炼或者志愿者工作都是很好的选择。至于如何在参加活动的同时抓紧学习,我的方法是制订计划。计划可以按照每周,每月,每学期来制订。首先明确这一段时间的目标,然后确定每一天学习的量。计划要排得宽松一些,以免出现突发事件需要处理。如果提前完成了计划,可以适当进行一些拓展学习,当然也要注意自己的计划是不是排得过松了。

有同学说学校活动影响日常学习,我是不赞同的。就好像我去管晚自修的纪律反而提高了效率。因为我们可以把这些活动当成很好的休息方式,而这些活动付出的不能写在"纸"上的努力,或许是我们校园生活最好的回忆。

努力和毅力

我有一个同学,只接触计算机竞赛一年就拿到了一等奖,当时大家都说他运气好,但是我知道在这一年里他付出了多少。他会因为搞不懂一个问题一天跑几次老师的办公室,有时老师不在就拉着我们一起讨论。我翻过他的一本书,上面几乎每一页都是密密麻麻的笔记。有一次,我一个外校的朋友又和我说起那个同学运气好之类的话,我就问他:"你见过在书上做笔记做到没有空白部分的人吗"我问他这个问题,和当年科比问记者"你知道洛杉矶凌晨4点的样子吗"是一个目的,一分耕耘,一分收获。

每年化学竞赛都有很多学生因为题目太难而交卷放弃。我的一个同学,起初也只是抱着试一试的心态去的,拿到考卷之后也发现题目太难,但他没有放弃,一题一题地想,直到考试结束。最后他获了奖,他常说自己是运气好,但比起那些看题目太难就懒得做的人,那些看了一两次竞赛书觉得知识点太多就放弃的人,我觉得他多的不只是运气。

结语

我想补充一点,竞赛是要靠运气的。比如数学竞赛,每年都会有一道几何大题和一道代数大题。如果某一年的几何题出得很简单而数论题有难度,那么就会对擅长几何的同学不利,因为他在这道题上无法与别人拉开差距,却在代数题上被擅长代数的同学将差距拉开。本身来说,老师出题有难有易,学生有所擅长有所不擅长都是很正常的事,所以这只能说是运气。

但是,正如我前面所说,不付出是不会有收获的,搞竞赛并不轻松,只是大家都很努力所以看起来毫不费力。只有通过辛勤的耕耘才能增强实力,而这是我们在竞赛中真正需要较量的。

刚进初中的时候,我有几次计算机竞赛成绩不理想,那时想过要放弃。不过后来我明白,学编程不是为了比赛。我开始去找自己的不足,认真地查阅各种资料,一点一点取得进步,重拾信心。我很庆幸自己当年没有放弃,因为我最后得到的,远远不止几张证书那么简单。

"如果人们忘掉了他们在学校里学到的每一样东西,那么留下来的就是教育。"这是我刚进高中听讲座时,教授引用的爱因斯坦的一句话。我想,如果有一天,我不再记得竞赛大纲上的那些知识点,那时"留"在我脑子里的思想,才是竞赛真正给予我的东西,也是竞赛留给每个为它付出的人的宝贵财富。

吹尽狂沙始得金

对这些知识我建议采用默读的方式。这是因为默读比朗读速度快,默读比朗读更有利于理解阅读的内容。一般来说,朗读有助于背诵,而默读有助于理解。同学们所进行的化学阅读主要要求理解,对于要求记忆的内容也不要死记硬背,而是在理解的基础上记忆。

姓　　名:张　越
录取院系:化学与分子工程学院
毕业中学:西北师范大学附属中学
获奖情况:2012年全国高中学生化学竞赛一等奖

高中时光如白驹过隙匆匆流逝,回头看时方才发觉:这是最辛苦的三年,这是最幸福的三年。虽然大脑已被诸如"能量守恒定律""乙酰乙酸乙酯"之类的理科概念牢牢占据,但我仍想趁着尚未完全忘却时,将我的点滴经验,拿来与大家分享。

关于化学

首先,介绍一下我的化学学习经验。

1. 高中化学

在一开始我要澄清一个事实:高中学习生活中"化学"常常被称为"理科中的文科",对这一观点我不能认同。当你学会理解这门学科,激发出兴趣和求知欲,收获突飞猛进式的成果时,你才会真正认清化学这门学科。

化学是研究变化的科学,学习化学的方法也千变万化,但我们可以找到以不变应万变之法,即研读课本。课本要分三次读。

第一次是预习时的初读。这一次研读一是对要学的教材内容有一个初步的了解,二是找出与新课程有关的已学过的知识,三是对新课程提出疑难问题,自己边读、边想、边分析整合。

第二次研读是要根据自学时的阅读方法,做到以下三点:一要根据本课的重点难点,确定重点阅读的内容,使阅读具有更明确的目的性和针对性;二是钻研关键词语,思考和理解问题的实质;三是手脑并用,以提高思维能力,强化记忆并找出疑难和问题。

最后一次是复习时的精读,相对前面两种读法显得更加重要。在精读时要有选择性,课堂上已理解的部分要消化巩固,补充做笔记;没理解的部分多想想,可以利用习题来寻找突破口,如果没弄明白一定要和同学们讨论。

对学有余力的同学,我建议超前学习,不但要预习高中阶段的内容,还要适当向大学教材延伸。同学们不必担心分散精力,提前学习一部分新知识不仅有助于加深对原理的理解,还可以激发阅读兴趣,培养阅读能力和化学感觉。

相信对一些学校的学生而言,提到实验室便感觉很陌生。诚然,限于教学条件,许多同学可能只有很少的机会能够亲身体验化学实验,但化学毕竟是以实验为基础的科学,所以掌握必要的实验技能对学好化学很有帮助。我建议同学们搜集相应的化学实验用品,购买一些廉价易得的药品,亲自动手做实验(当然,是要在保证安全的前提下)。

我的推荐如下:

(1)常用药品。

硫酸铜,碳酸钠,硝酸铵,铁钉,洁厕粉(无色),酚酞(药片),烧碱,酒精,食用油等。

(2) 推荐实验。

① 试用以上药品制出并分离：白色氢氧化亚铁；空气中的"氢氧化亚铁"。

② 试用以上药品制出蓝绿色碱式碳酸铜（粉末），分离出来，先设法干燥，并加热得到氧化铜。

2. 竞赛化学

如果对化学真的很感兴趣，我建议可以试着参加一下化学竞赛。化学竞赛的学习应当建立在高中学习状况良好且学有余力的基础上，不应当过分功利或偏科。在高中化学学习轻松愉悦的前提下，我们可以开始竞赛教程了。

化学竞赛的根本目的在于培养兴趣和创造力。我曾于 2012 年的暑假参加在浙江杭州举行的学科竞赛夏令营，其中北京师范大学曹居东先生电脑上的化学竞赛培训文件夹的名称，给我留下了深刻的印象——"玩玩"。曹老先生是这样解释的"这正是我对你们这帮孩子的希望：希望你们不要带着太多功利心学习竞赛，培养你的兴趣，享受学习和探索的过程，不必在乎结果，到头来你会发现，一切的一切，只不过是——玩玩。"我们不妨就以此为指导，来享受这学习过程吧。

高一的时候，请尽量打下坚实的基础，不仅是化学，其他所有科目都一样，良好的数理基础是所有理工科学生日后学习的基石，英语和计算机则是必备技能，历史使人明智，国学可以调剂身心而不至于偏执。如果真的在化学方面表现出天赋与潜力，请务必戒骄戒躁，力争第一学年修习完高中化学课程。第一学期的寒假伊始，可以开始以无机化学为起点学习高等教材。第二学期自主研习基础有机化学，并报名参加省级的化学预赛，无论结果如何都应"宠辱偕忘"，转入下一进程。

高二开学初是全国高中学生化学竞赛初赛，如果有心为之准备可以参看北京大学出版社 1993 年出版的经典教材《奥林匹克化学》，并研习历年的竞赛真题。历年的初赛试题是由一代代化学教育专家精心命制，对思维有很好的启发性，值得反复揣摩。进入高二，在自学基本的高等数学之后，可以开始学习分析化学和物理化学。在这期间，同学们应根据自身需要复习无机化学，相信学习了更高级的课程后，对基础课应当会有更深层次的理解。我个人不太主张为准备竞赛而进行大量的习题训练，所以在高二下学期，我建议学有余力的同学参看北大版的《中级无机化学》，尽量多进行一些自己的思考，这对更广更深的学习大有裨益。这本书我大概读了三四遍，每次都有新发现与新体会。在学完这些内容，至少是大致理解之后，我相信你对化学必将有一个全新的认识。此时，竞赛的结果，反倒无关紧要了。

高三的考试以平常心去应对即可。如果有幸入选了省队，则可抽出两周时间去本地的大学进行实验培训。全国高中学生化学竞赛暨冬令营，是全国高中学生最高水平的化学赛事，题目难度较大，同学们可以参照近十年的题目查缺补漏，学习一些新知识，尤其是有机合成、化学动力学和配位化学方面。竞赛的要求大致如此，相信只要你没有因之影响正常的学习生活，收获便会颇丰：自学能力的增强，团队协作意识的培养，等等。

其他点滴：

（1）记忆方法。

有同学也许会抱怨："我该学的都学了，就是好多知识记不住怎么办？"的确，高中化学在元素化学部分是有一部分记忆知识，对这些知识我建议采用默读的方式。这是因为默读比朗读速度快，默读比朗读更有利于理解阅读的内容。一般来说，朗读有助于背诵，而默读有助于理解。同学们所进行的化学阅读主要要求理解，对于要求记忆的内容也不要死记硬背，而是在理解的基础上记忆。尤其在元素化学方面，我反对背诵化学方程式，且近几年高考对客观知识的考查方式也在不断翻新，元素化学常常外延并与化学工业、物质结构结合在一起考查,所以即便是以纯粹应试的态度学习化学,掌握好原理也比单纯记忆重要得多。

(2)摆脱定式思维。

进行过化学竞赛学习的同学应该会清楚地理解这一点的重要性,如果某位同学不能以变化的眼光看待问题,始终将教科书所言奉为圭臬而不独立思考,那么书本写多远,他的思想也就只能走多远。孟子曾经"曰"过:"尽信《书》,则不如无《书》。"所以同学们务必在学习时有所创见,有疑惑的问题也一定要提出,说不定某个重大的科学发现就因此诞生了。

(3)团队协作。

我们化学小组的同学很重视团队协作,例如在学习电离能的特征时就有同学提出氮分子的第一电离能为什么会比氮原子的小,引起了大家的热烈讨论;又如刚开始学习光谱时,我们又对吸收色与互补色的变化规律进行了探讨。我们的讨论有时可能并不能得出结果,但在这一过程中我们不仅能大大加深对化学本身的理解,加深对知识的印象,而且还能培养合作意识,有利于个人未来的发展。

总之,高中化学的知识量与方法技巧是有限的,只要找对方向,肯用心投入,必能收获累累硕果。

兴趣是最好的老师

爱因斯坦的这句名言不知被多少人挂在嘴边,但真正放在心上的又有几个?不难想象,一个人一旦对某事物有了浓厚的兴趣,就会主动去求知,去探索,去实践,并在求知、探索、实践中产生愉快的情绪和体验。所以我希望同学们始终顺着自己的兴趣点探索,长此以往,必能有所收益。譬如发明大王爱迪生,幼时资质平平,但却始终对生活中的一切充满了好奇,于是在这一系列的兴趣驱动下,他痴迷于钻研,醉心于创造,终究克服了重重困难,拼尽一生热忱为人类造福,造得万件发明被千古传颂。爱因斯坦也给我们树立了了不起的榜样。愿同学们发掘出自己的兴趣点,早日实现自己的理想。

仔细回想,我之所以会最终选择化学专业,仍是因为兴趣所在:化学是一门美丽而奇妙的学科,相比数学、物理"他"还很年轻,但是"他"的发展异常迅速。在我看来,化学很细小,我们关注的总是渺小的原子分子;化学又很庞大,浩渺的宇宙也严格遵循着某种规律。化学很复杂,仅仅是目前发现的有机物就已经达到 3000 万种以上;化学又很单纯,只不过是研究化学周期表中那一百多种元素的分分合合。化学单一,我们眼中是那亘古不变的石墨的黑;化学又很绚烂,仅仅是元素钒所展现的五颜六色就让人眩目。不过绚烂之后,终归于平静——化学的平静是对真理不懈的思考。

于是,我爱上了化学,我热爱化学带给我的那种不断在未知领域探索的奇妙感觉:穿梭于鲍林的大厦、门捷列夫的迷宫,遨游在乙酰乙酸乙酯的海洋,在元素周期表搭成的台阶上攀登;这里有乌洛托品的猛烈,也有稀有气体的温和;有钴元素的多变,也有金刚石的永恒……而化学竞赛无疑给了我一个了解化学的更广阔的空间,给了我一个与无数化学爱好者相互交流的平台。

也许我只不过是个懵懂无知的少年,迄今仍在化学圣殿的大门外徘徊。我时常会发觉:学习中,尤其是在未知的领域探索时,每每遇到难以克服的困难,我反倒会激起奋斗的热情,继续深入,每次有所突破后,我感到周遭豁然开朗,又有一片更广阔的未知领域在等待着我,更令我体会到其博大精深。所谓"仰之弥高,钻之弥深;瞻之在前,忽焉在后"大抵如此。不过我相信,只要有对化学的热爱,再大的困难阻挡不住旋风炸药般猛烈的热情,再多的挑战有王水般的坚毅也能化解。我愿意为化学的发展不懈奋斗,因为我知道,化学的桂冠只为勇敢而充满好奇心的人摘得!

问渠那得清如许
——浅谈学习心得

　　田野里,时常可以看到狂风吹来大麦俯下了身子,风吹过后又挺立了起来——大麦是这样智慧地面对挫折的。在学习与生活中挫折与困难在所难免,令人迷惘。当挫折与困难来临,学会接受并俯下身去至关重要,或是自嘲一下,或是向家长倾诉一下,或是做点别的事让自己忘记烦恼,这未尝不是一个好方法。然而俯身并不是弯腰,俯身之后,我们还要挺立起来。

姓　　名:张泽轩
录取院系:电子信息科学类
毕业中学:上海交通大学附属中学
获奖情况:第 28 届全国中学生物理竞赛省级赛区三等奖
　　　　　第 29 届全国中学生物理竞赛省级赛区一等奖
　　　　　2011 年海峡两岸力学夏令营一等奖
　　　　　2012 年上海市高三数学竞赛三等奖
　　　　　第四届全国中学生数理化学科能力竞赛数学学科、物理学科、化学学科一等奖

　　巍巍博雅塔下,融融未名湖边……十年寒窗,如今光荣地成为了一名"北大人",兴奋欣喜之余,回望那条踏满了自己坚实脚印的漫漫求学路,回首那段洒满了自己辛勤汗水的奋斗历程,不由感触良多,我不敢妄谈什么学习经验与方法,只是说说自己学习中的一点小小的体会。

效率——源于一份适合自己的时间规划

　　也许很多人都曾经提到过学习效率的重要性,很多人可能会认为抓

紧各种各样小的零碎时间便能够有效提升学习效率,其实就我个人认为也并不完全是这样,有很多的学习内容并不适合零碎的时间,比如解决一些比较有难度的理科问题。理科问题需要的是连贯的逻辑思维和对事物本质的严密推算,这也就决定了它需要的是比较长的整段时间,来让我们对问题进行全面分析,就好像烧一壶水,烧一会,凉一会,永远都无法使水沸腾。对于那些零碎的时间,我们就可以用来背单词背课文,用于需要重复需要记忆的内容。总而言之,我们要根据自己的时间分布,制订一个比较适合自己的时间计划,而这就要根据自己的情况,因人而异。

有一本错题集,总是好的

错题集真的很重要——其实这也是我在高中学习物理竞赛时,才产生的真真切切的感悟。之前我总认为做错的题订正之后就全明白了,而事实却不然,因为随着时间的推移,在自己脑海中根深蒂固的错误做法又将占据你的思维。比如在我还没有整理错题集的习惯之前,我们的物理竞赛老师把我近段时间做错的题整理到一起后印给我们做,结果那些曾经错过的题仍旧是如此陌生……一份错题集值得我们一遍遍地去回味,去理解,常看常新。有很多时候掌握一道错题远比做一道新题重要得多,其实不只是物理竞赛,无论什么学科,有一本错题集,总是好的。

将书上的知识翻译为"自己的语言"

有很多时候,我们会发现参考书上题目的解法,我们能够完全理解,但是如果离开了书,我们会发现仍然难以追寻书上的思路,这是因为没有将书上的内容完全转化为自己的语言,成为一种自己所能接受的思维模式。理解了书上的做法之后,还应在书的启发下,探索能为自己理解的其他做法,将书上的内容翻译为"自己的语言",这样不仅能让知识真正为我们所用,还能增强自己的成就感,何乐而不为?

从今天起，用兴趣引领学习

无论学习什么,兴趣都是至关重要的,要用兴趣引领学习。激发学习兴趣的方式很多,而我选择了竞赛。从小学起,我便开始参加各种各样的学科竞赛,我庆幸自己选择了竞赛,是它让我爱上了思考,是它为我揭示了科学真正的美之所在。回首自己十余年来的竞赛历程,那一条充满挑战的奋斗之路,撒满了欢乐与汗水。很多人对于竞赛的理解就是奖项,其实竞赛带给我们参赛者的远不止这些。诚然,是竞赛就难免有奖项,获得奖项是对自己实力的证明,固然应该努力争取,然而,获奖绝不应当是初衷。参加竞赛是因为对某些学科兴趣浓厚,期望能在这一领域中有更多的发现与探索。通俗地说,我认为竞赛的主要目的就是长见识,锻炼自己,不应当有什么功利成分,更不应该因竞赛而竞赛。在参加竞赛学习竞赛的过程中,我们所付出的努力与热情,收获的成长与成就,思维得到的锻炼与升华……远远不是一个奖项可以体现的。曾听人将没有获奖的参赛者称为一无所获,我想他一定是没有读懂我们,没有参加过竞赛学习,在竞赛的过程中每一位参赛者都是满载而归的。十余年来,我参加了许多竞赛,也有很多次没有获奖,但我从未放弃,因为竞赛能够激发我的兴趣,兴趣引领我继续学习。当然激发兴趣的方式还有很多,但如果你各个学科的知识都已经掌握得较好,不妨参加一些竞赛,你一定会从中收获很多……从今天起,让我们共同用兴趣引领学习。

为学习加点"调料"

如果只埋头于学习,却不把一点时间分给爱好,就好比丰盛的食物却缺少了调料,索然无味;就好比夜晚的天空缺少了星星,损失了那一份美感;就好比长途跋涉缺少了驿站,令人疲惫不堪……学习的压力固然不小,尤其是在升学之时。但无论如何,我都不会吝啬投入于爱好的时间,周末是我相对较空闲的时段,我总会用一两个小时,或是和同学,或是自己,做一些感兴趣的事。投入爱好的时间无疑是最快乐的时间,长期的学习之后,爱好能够使我们暂时放飞我们的思绪,缓解我们的压力甚至使我们茅塞顿开。我时常会遇到这样的情况:自己的解法与答案不同却又一时难以发现自己错在何处,反复思索,却百思不得其解,这便是陷入了一种思维定势,这个时候我会放下题目去做一些自己爱好的事情。当再回到学习中时,往往可以惊喜地发现自己的错误。爱好、课外活动会占去我们的一部分时间,但我真的要说这是值得的,与其低效的学习倒不如把一些时间交给爱好和课外活动,为学习加点"调料",一切会大不同。

狂风来了,像大麦那样俯身

田野里,时常可以看到狂风吹来大麦俯下了身子,风吹过后又挺立了起来——大麦是这样智慧地面对挫折的。在学习与生活中挫折与困难在所难免,令人迷惘。当挫折与困难来临,学会接受并俯下身去至关重要,或是自嘲一下,或是向家长倾诉一下,或是做点别的事让自己忘记烦恼,这未尝不是一个好方法。然而俯身并不是弯腰,俯身之后,我们还要挺立起来。曾记得我最初学竞赛时,在竞赛学校上课。那里有很多优秀的同学不用老师讲就能将问题解决,而我却只能勉强赶上老师的进度。我曾觉得自己就好像是一朵无名的小花,被人移栽到了一座鲜花盛开的大花园,一次次的失败与挫折就好比一阵阵的狂风暴雨,将我摧残得遍体鳞伤,面目全非。然而我告诉自己风雨之后总会有阳光出现,我心中一个不服输的自己在奋力地呐喊:"在那鲜花盛开的地方,我也要成为那娇艳的一朵。"挫折困难来临时,去接受它,承认自己的失败与不足,并学会自我缓解。要有声音在心中为自己呐喊,相信自己,便能保持一个好心态。像大麦那样俯身是一种智慧,困难、挫折来临之时,不妨做一回会俯身的大麦……

结语

其实,永远没有一种学习方法是普适的。学习的规律与奥秘,如同海洋一般浩瀚,而我只不过是在海边踢踢石子罢了。我所说所写的仅仅是冰川一角,窥豹一斑,也许我的方法并不适合你,也许部分适合你。然而,无论如何,一种适合自己的学习方法,都应当是根据自己实际情况,在实践中孜孜不倦地摸索与探求才能获得的。我在这里记录下自己的一些学习方法与经验,如果能够给学弟学妹们一些启发和收获,便也是值得的……

后　记
——墙里秋千墙外道

　　北大的精神是永远的，精神的魅力是永恒的。2013级新生稿件的审稿工作已告一段落。从刚刚成为"北大人"的高中毕业生群体中征文，并选出部分有代表性的文稿编辑成书，几乎已成为北大传统。这是一件相当有意义的事儿：刚成为北大人的他们离高考最近，是这场"搏杀"的胜利者，因而最有"发言权"；他们的故事，他们的经验，也是更多正在奋斗的学生和他们的家长、老师渴望知道的。这既是过来人对自己的一份总结和交代，更是对未来者的叮咛和期许。

　　字里行间，他们用文字筑造了一个绚丽斑斓的世界。这里有梦想，关于博雅未名，关于朱门前的石狮子，只那一瞥就钟情于此；这里有拼搏，争分夺秒，挑灯夜读；这里有技巧，各门学科，见招拆招，于手起笔落间论剑高考；这里有故事，或黯然神伤，或得意欢畅，尽显英雄意气；这里有思考，像快乐的芦苇，在生活中处处歌唱；这里还有感恩，父母，师者，长者，朋友，同学，深情厚谊，山高水长。这里有道不完的精彩。

　　沉浸在他们的世界里，会感到一股力量正在心中发芽、生长。这些文字都力透纸背。相当一部分的文稿都各具特色，各有千秋。但出于为读者提供更多信息、更好借鉴的意图，我们尽量避开了重复的篇目，以求内容的多样化。在此，我们向所有的投稿者表示感谢，没有你们的文稿，就不会有本书的出版。同时，也希望我们提供的文稿能让读者满意，这是我们最大的目标。然而工作量大，力有不逮之处，还请读者见谅。我们欢迎读者朋友提出修改意见，你们的意见是我们进步的动力。"墙里秋千墙外道。墙外行人,墙里佳人笑。"作为编者的我们,想要做的,就是推倒这堵墙,让燕园之外的读者,也能看到其中的风景,甚至最终走进这座美丽的园子。

高考是人生的一道坎儿。进入燕园,确实是一幕完美的收场。但是,生活并非只有高考,燕园也并非代表着终结,而是新的开始。细细品味这些征文,充斥着它们的,早已不是单纯的高考。在高考之外,有着更广阔的生活,比如社会活动,比如兴趣爱好。如果读者朋友能在这些文稿中,看到"围城"之外的东西,那我们编者就倍感欣慰了。

编 者

2014 年 6 月